# わが朝鮮総連の罪と罰

우리 조선총련의 죄와벌

韓光熙《ハン・グァンヒ》

한 · 광 · 희

元・朝鮮総連中央本部財政局副局長

野村旗守●取材構成

文藝春秋

# わが朝鮮総連の罪と罰　目次

## 第一章　帰国事業前夜　9

## 第二章　学習組に入る～政治部の時代　65

カバー、目次、扉・デザイン　石崎健太郎
増田　寛
カバー、章扉・写真　共同通信社　文藝春秋写真部
地図作製　島澤嘉宏（有限会社アトン）

# わが朝鮮総連の罪と罰

本書をすべての在日同胞に捧げる

# 第一章　帰国事業前夜

1959年12月14日、盛大な見送りを受け、新潟港中央埠頭から北朝鮮へ出発する帰還船クリリオン号

# 自転車部隊

一九五九年は、日本人にとっては皇太子（現・天皇）が正田美智子さんと結婚した年であり、伊勢湾台風が上陸した年であり、第二次岸内閣が誕生した年であり、スリー・キャッツの「黄色いさくらんぼ」や水原弘の「黒い花びら」が大ヒットした年だが、在日朝鮮人にとっては何よりもまず、北朝鮮への帰国事業がはじまった年として記憶されることになった。

その年の八月、インドのカルカッタで北朝鮮の赤十字会と日本の赤十字社が協定を結び（「カルカッタ協定」）、在日朝鮮人の北朝鮮への帰国の道が開けた。

＊

その年、私は高校三年生で、一八歳だった。

あの日のことはいまだ鮮明に憶えている。九月のはじめころだった。日にちの記憶はないが、金曜日であった。とにかく暑い日だった。

その日の授業が終わると私は、脇目もふらず自転車置き場に急いだ。目指すは宇都宮市のはずれに前年できたばかりの朝鮮初級学校。日光街道（国道四号線）をまっすぐ北上すれば、およそ二時間で着く距離だ。

高校は栃木県立石橋高校である。県下ではそこそこ名の知れた進学校だった。当時でもクラスの半分以上が大学に進学していた。そのころ、私たち一家が住んでいたのは下都賀郡の国分寺町というところで、やはり日光街道を石橋町から南へ五キロほど下ったところにある。小さな町だが、町議会で「在日朝鮮人の帰国を認めてやれ」と最初に決議した町でもある。当時、私にはそれがちょっとした誇りだった。三〇分ほどのまっすぐな国道を、私は毎日自転車を漕いで通っていた。

勢いよく校門から吐き出された男女の高校生たちの、白いワイシャツやブラウスの群が国道のうえにいっせいに散った。

私はいつもの家路とは逆のほうに自転車を漕ぎだした。まだ真夏といっていい強い日差しの下、数十台、数百台の自転車が舗装のうえを滑るように移動しはじめた。大声でふざけ合う高校生たちを横目に見ながら、私はひとり黙々と自転車を漕いだ。

国道の両側は青々と葉をつけた畑だった。桑、麦、さつま芋、それから名産のかんぴょう。前や後ろにいた高校生たちはどこかしらの角を曲がり、一人二人と畑のなかに消えていった。空は高く、まだ真昼のようにあかるかった。

一人になっても私は無心に自転車を漕ぎ続けた。今日、またあの仲間たちに会えるのだと思うとうれしさがこみ上げてきた。金賛吾《キムチャンオ》や馬春玉《マチユンオク》の顔が瞼に浮かんだ。彼らとは八月の青年学校(サマーキャンプ)で顔を合わせたばかりだったというのに、もう懐かしくってたまらなかった。

初級学校に到着したのは夕方六時くらいだったと思う。一年から六年まで全部併せても数十人しか生徒がいない学校だから、広さは普通の小学校の半分もない。だが、それでも、そこは県下の同胞たちにとって唯一のウリハッキョ（我々の学校）だった。真新しい校舎のすべての教室には、早速、金日成《キムイルソン》将軍像が掲げられていた。

校門をくぐるとモツの煮込みとキムチのにおいが鼻をついた。この日のために無償でかり出された近所のアジュモニ（おばさん）たちが炊き出しの準備をしていたのだった。私の後からも、県下の若い同胞たちの自転車が続々と入ってきた。全部併せると一〇〇人くらいが集まったのではないかと思う。高校生が二、三〇人、あとのほとんどは地元で働く勤労青年たちだった。

「遅いぞ！」

校庭の隅で自転車のスタンドを立てていると、背後から声がして誰かが近づいてきた。金賛吾だった。齢《とし》は一つ上だが、私の無二の親友だった。去年、私立の作新学院を卒業して、親の鉄工所を手伝っていた。

「決めたぞ」

私の肩に手を置いた賛吾は、決意をこめた声で言った。

「決めたって何を？」

「おれは第一船で帰る。おまえも一緒に帰ろう」

「第一船って、第一船がいつ出るかもまだ決まってないじゃないか」

「なに、もうすぐ出る。今年中にはかならず。そのための実現運動だ」

校庭のあちこちで、頬を上気させた若者たちが、さざめき合っていた。おそらく誰もかれもが似たような会話を交わしていたのに違いなかった。

賛吾と連れだって、炊き出しをしているアジュモニのほうに歩いていった。豚の臓物をまっかな唐辛子と味噌で煮込んだ汁と、握り飯。若い私たちは口一杯にほおばった。

この日、県下の若い同胞たちがいっせいに朝鮮学校のグラウンドに集まったのは、東京の日本赤十字社前でおこなう予定の「在日朝鮮人の早期帰国実現のためのデモ行進」に参加するためだった。金曜日の夕方に集まってキャンプファイアで気運を盛り上げ、土曜日は一〇〇台の自転車部隊で国道を走りながら沿道の日本人に在日朝鮮人の早期帰国実現を訴える。埼玉で一泊して、翌日の日曜日には東京の朝鮮会館に関東各地から集まってきた若い同胞たちが結集する。そして約一〇〇〇人の在日朝鮮人青年で日本赤十字社を取り囲み、デモ行進するという算段になっていた。

グラウンドの中央には木材を組んだ演壇がある。ハンドマイクを握った朝鮮総連青年同盟（朝青）栃木県本部の安熔沢《アンヨンテク》委員長がその上にのぼり、全員に集合するよう呼び掛けた。当時二五か六で、長身の二枚目だった。たしか子供のころ南朝鮮から密航してきたと言っていた。委員長はひとしきりの演説をぶった後、「帰国事業の早期開始を実現しよう！」と檄を飛ばした。

「実現しよう！」

私たちはいっせいに唱和した。

それから地元の青年同盟幹部たちが次々に演壇に登り、思い思いの演説をぶった。

ようやく空にうっすらと闇がかかったころ、スピーカーを通して、すり切れたレコードがオクラホマミキサーを奏ではじめた。フォークダンスが全盛の時代だった。ほかの娯楽は何もなかったから、あのころの若者たちはなんだかんだと理由をつけては、寄ると触るとフォークダンスを踊った。私たちはキャンプファイアを囲んで輪をつくった。焚き火に照らされ、どの一つ一つもこの上なく愛《いと》おしい同胞たちの顔が朱に染まる。その半分は、ほどなくいなくなった。船に乗って北へ帰っていったのだった。

軽妙な音楽に乗ってくるくる踊り、近づいたり遠ざかったりする顔のなかに馬春玉の顔もあった。相変わらず美人だった。色白で、大きな眼に長い栗毛。私は彼女に惚れていた。私ばかりではない。彼女は県下の男子同胞全員のあこがれの的だった。私とおなじ高校三年生で、茂木高校に通っていた。テニス部か何かに入っていて、いつもラケットを持っていたのを憶えている。たしか、家は台が一〇機あるかないかの小さなパチンコ屋をやっていたはずだ。画《え》を描くのが上手で、こんな田舎の高校にいるより祖国に帰って芸術の勉強をしたい、と口癖のように言っていた。結局、彼女も一家五人で北へ帰った。

順番が代わって春玉が私の前にやってきた。手をつなぐと胸が高鳴った。軽口のひとつでも叩いて笑わせようとしたが、結局、何も言えなかった。

*

翌日は朝の一〇時に出発した。一〇〇台の自転車が国道の上を列をなして走るのだ。端から見ればさぞかし壮観であったことだろう。全員が「帰国事業の早期実現を!」と書いた揃いのたすきをかけ、のぼりや旗を交代で掲げて、沿道の人々に帰国を訴える。なかには私たちのような高校生もいたし、赤ん坊をおぶった若妻もいた。

とびきり暑い日だった。一時間も走ったころには全身汗びっしょりだった。被っていた帽子の鍔《つば》の先まで汗が滲《にじ》んだ。

「我々は在日本朝鮮人総連合会栃木県本部の自転車部隊です。在日朝鮮人の帰国事業早期実現のためにみなさまのお力を貸してください……」

委員長がメガホンを片手に沿道へ呼び掛けている。自転車部隊の先頭は、青年同盟委員長を乗せた軽トラックだった。荷台には自転車部隊のパンクに備えるための修繕工具を積んでいる。

「日本政府は八月一三日に結ばれたカルカッタ協定を履行しようとしません。これは政府当局の怠慢というほかありません。我々に対する支援の声は、日に日に高まっています……」

そしてシュプレヒコールがはじまる。

「在日朝鮮人の帰国事業、早期実現を勝ち取ろう！」

「勝ち取ろう！」

沿道の人々が迷惑そうな顔をこちらに向けていた。店のなかから一人が何やら叫んでいる。

その声が聞こえたわけではないが、おおかた「うるさいから、とっとと帰れ！」とでも怒鳴っていたのに違いないと思う。そのころの国内世論は「本人たちが帰りたいと言っているのだから早く帰してやれ」というような声が支配的だった。戦《いくさ》に負けて男たちが帰ってくると、朝鮮人の労働力はもう必要なかった。すでに私たちは、この国で邪魔者になっていたのだ。

ちょうど高度成長期の入り口だった。自動車の量が年を追って増えていた。排気ガスの充満するなかを、私と賛吾は冗談を飛ばし合いながら自転車をならべて走った。

頭のなかは朝鮮に帰ることでいっぱいだった。朝鮮民主主義人民共和国。私の祖国。平壌の美しい街並み。街を歩く、背広やチョゴリを着た清潔な人々。赤々と燃える溶鉱炉に石炭をくべる労働者の誇り高い表情。子供たちの輝く眼。そして何より、祖国を解放した偉大な英雄、金日成将軍……。地元の青年同盟が主催するサマーキャンプで先輩たちが見せてくれたスライド写真は、祖国への憧憬をかきたてた。日本もまだまだ貧しかった時代である。敗戦の名残りは十分に残っていた。生活水準も現在とは比較にならない。それに較べて輝くばかりのわが祖国。食卓のうえに山と積み上げられたご馳走を囲んで、年寄りと幼児のいる一家が幸福そうに笑っていた……。

まだこのころは、そのすべてがまやかしで、一切合切インチキの、おおよそこの地上で考えうるかぎり最低最悪の信用詐欺なのだとは、知る由もなかった。見せるほうも見せられるほうも、それが祖国の真の姿なのだと、誰一人として疑ってはいなかった。私たちは肩を並べ、スクリーンに映し出されるぼやけた祖国の姿を食い入るように見つめたものだった。「いい国になったなあ……」と、私たちはため息まじりに語り合った。

「まさに楽園だ……」

いま思い返せば、顔から火が噴き出しそうだ。

しかし、私ばかりではない。そこにいた全員、いや、日本にいた同胞のほとんどすべてが金日成の魔術にかかっていた。見たこともない金日成に私たちは恋いこがれ、真の英雄だと信じた。

いったい、金日成が、我々在日同胞に何をしてくれたというのか。あの男が我々に与えたものといえば、幻想だけではないか。しかし非常にしばしば、幻想は現実より魅力的に映るものだ。若いころはことにそうだ。金日成がつくりだした幻想はこのうえなく甘美だった。私たちはそれに酔った。あのころは、身体はこの日本で暮らしながら、頭のなかでは平壌に生きているつもりであったように思う。

「見ろ。東寿だ」

賛吾が前方を顎でしゃくった。春玉の兄の馬東寿《マドンス》が口笛を吹きながら、がに股で自転車を漕いでいた。

東寿は、東京の鋳物工場で住み込みの丁稚《でっち》奉公をしているはずだった。宝飾の技術を身につけて、国に帰って商売をはじめるのだなどと言っていた。シャレ者の遊び人で、男のくせにネックレスをぶら下げ、いつも手首に革のリストバンドを巻いている。

「妹はいいけど兄貴は駄目だ」

「あれはファランジェイ（女たらし）だ」

などと、私たちはいつも陰口を叩き合っていた。その東寿も春玉と一緒に北へ帰っていった。

県内の小山で、埼玉に入ってからは上尾で、同胞たちが待ちかまえていて、冷たいサイダーや出回り始めたばかりのペプシコーラを振る舞ってくれた。からからに乾いた喉に冷たい飲み物は何よりありがたかったが、はじめて飲んだコーラの薬臭い味には閉口した。

夕方になってその日の目的地である大宮の関東学院（朝鮮総連中央学院分校）に到着した。校門をくぐると、わっと歓声があがった。すでに埼玉、群馬、茨城の若い同胞たちが三〇〇人ほど集まっていて、拍手で私たちを迎えた。気恥ずかしくも誇らしく、私たちは手を振って歓声に応えた。

ようやく自転車を降りたころにはもう一滴の汗も出なかった。全員がまっくろに日焼けしていた。

## 大空襲

生まれたのは東京の洗足池の近くである。当時はたしか大森区に入っていたのではないかと思う。いまは大田区南千束の二丁目か三丁目になっている。二〇世帯ほどが棲む、かなり大きな二階建て木造アパートの二階で生まれた。記憶にあるかぎりでは便所は共同で、各部屋は畳敷きの二間に小さな台所がついていた。

父親は旋盤工だった。そこから自転車で二、三〇分漕いだところにある荏原製作所の工場で働いていた。旋盤に左手を引き込まれて、大怪我して帰ってきたこともある。家庭の井戸で使うポンプか何かをつくっていたはずだ。

そのアパート二階の四つか五つの続き部屋が、朝鮮人の家族で占められていた。全員が両親とおなじ南朝鮮(韓国)の農村出身者である。韓《ハン》の姓はわが家だけで、あとは金《キム》とか李《イ》とかいう家だった。どの家庭もみんな若い夫婦で、幼い子供がいた。だから遊び相手にはことかかなかった。

窓の下に幅一メートルくらいのトタン屋根があって、子供たちはその屋根をつたってどの家にも自由に行き来していた。子供たちにとっては集団生活のようなものであった。ときには屋根の上でとっくみあいの喧嘩をする。組み合ったまま階下に転げ落ちることもしばしばだった。私も何か物をとろうとして足を滑らし、地面に落っこちたことがある。頭をひどく打って泣き叫んだのを憶えている。

第一の遊び場は洗足池である。

家から歩いて五分もかからなかったから、金や李の家の子たちと連れだって毎日のように出かけた。池の周囲は公園になっていて、日曜ともなれば東京の方々から家族連れが集まってきた。そのような裕福な家の子供たちは父親の漕ぐボートに乗ってはしゃいでいたが、私たち貧乏人の子は有料ボートには乗れない。せいぜい、池のまわりを走り回って石を投げるくらいであった。

両親は南朝鮮の慶尚北道金泉郡という地方の出身だった。

私が一九四一年生まれだから、日本に来たのは三九年か四〇年だろう。父の家は貧しい小作農だった。日本に来たのは、そのほうがまだ食える、という程度の理由であったらしい。村役場で「工員募集」の貼り紙を見つけ、父はすぐさま応募した。釜山の港から船に乗って下関に渡る。東京で生活の足場を築いた後、母を呼び寄せた。そこで生まれたのが私だったというわけである。

一度、故郷の村を訪ねたことがある。

両親はそれぞれの親に初孫の私の顔を見せに帰ったらしい。憶えているのは、赤茶けたみすぼらしい寒村の光景である。あれはたぶん赤土の色だったと思うが、二つか三つのころだから、記憶はかなり朧気《おぼろげ》だ。山に囲まれた盆地に藁葺《わらぶ》き屋根の農家がポツポツと点在していた。両方の家のハラボジ（祖父）、ハルモニ（祖母）が代わる代わる私を抱き上げたと思う。たしか父方の祖父は朝鮮式の長い顎鬚《あごひげ》をはやしていた。私たちは父方の祖父母の家に泊まった。

その夜、はじめて入る朝鮮家屋の内部を好奇心いっぱいで見回しているうち、天井を巨大な蛇が這い回っているのを見つけ、全身が凍りついた。私は蛇が何より嫌いだったのだ。それから私は「ヘビ！　ヘビ！」と狂ったように泣き叫び、やがて泣き疲れて眠ってしまったという。そんな話を聞いている。しかし、それは私が日本で生まれ育ったからで、朝鮮の田舎では蛇は縁起の悪い動物とは思われていない。それどころか、蛇の棲みついた家には運がつくという。文化の違いとはそういうことだ。日本人は朝鮮人が好んで犬を食べるのを見て野蛮だと言い、朝鮮人は戦時中の日本人が盛んに蛇を獲っては食っていたのを見て気味悪がったのとおなじである。

子供のころ、家族で旅行した記憶というのはそれだけである。あとは、一年三六五日、洗足のアパートにいた。あいもかわらず屋根づたいに隣の家、その隣の家へと顔を出してはあがり込み、母親が迎えにくるまで遊んでいた。

そのころ母はふたたび身ごもっていた。

けれども、私はすぐ下の弟の顔を憶えてはいない。生後まもなく死んでしまったからである。あのころはどこの家も子沢山だった。産めよ殖やせよのかけ声で日本の夫婦は競って子供をつくり、朝鮮人の夫婦も負けてはならじと子を産んだ。そして、赤ん坊がよく死んだ。

母親が次の子を産んだのは四五年だった。敗戦の年である。その年の二月に米軍が硫黄島に上陸し、おなじ月にマニラを占拠した。三月には東京大空襲と大阪空襲があって、四月から沖縄決戦がはじまった。そして八月の広島・長崎原爆投下、ポツダム宣言受諾、終戦へと続いてゆくのである。年輩の日本人なら誰でも、この年のことは忘れようにも忘れられまい。事情は在日朝鮮人とておなじである。わが家にとっても激動の一年だった。なかでも忘れられないのが、東京大空襲の日のことだ。

*

けたたましくサイレンの音が鳴り響いた。

「空襲警報発令、空襲警報発令……」

三月九日、米空軍のＢ29大編隊約三〇〇機が東京の空を襲った。

レーダーで探知した当局が空襲警報を発令したのは、たしか午後四時か五時くらい。まだあかるい時間であったように記憶している。

その日、私は母親と二人で家のなかにいた。

「防空壕に入れ！」

部屋の入り口をどんどんと叩く音がして、男の声があった。いま考えれば大家ではなかったかと思う。

母はとるものもとりあえず私を背中にゆわえつけ、常備してある防空頭巾と水と乾パンの入った救命袋をひっつかんで外へ飛び出した。

アパートのすぐ裏手が小高い山で、雑木林のなかに防空壕が掘ってあった。内部は土が落ちてこないよう、木枠が組んであったと記憶している。

男たちは外へ働きに出ていたから、壕の中にいたのは女子供がほとんどだった。私たちの後からも、何組もの家族が叫声をあげながら飛び込んできた。結局、全部で二五、六人になったのではないかと思う。そのうち、朝鮮人は七、八人だった。

洗足池公園に建つ高い塔のいちばん上に据え付けられたスピーカーは、今度の空襲がかつてないほど大規模なものになるだろうことを告げていた。ロウソクの灯りだけの薄暗い壕のなか、朝鮮人は朝鮮人同士、日本人は日本人同士、声をひそめて口々に不安を訴え合っていた。

夜の七時ころになって最初の炸裂音が響いた。それからは矢継ぎ早だった。宙をかきまわすプロペラの音が間断なく響き、爆弾の落下音、そして炸裂音が大地を揺るがした。炸裂音が響くたび、壕のなかは悲鳴で充《み》たされた。

一時間ほど経過したと思う。

「早く出ろ！　ここにいたら全員死ぬぞ！」

壕の鉄扉が開いて、なかに向かって誰かが叫んだ。朝鮮語だった。ならびの部屋に棲んでいた金だか李の家のアジョシ（おじさん）だった。父とおなじ荏原製作所に勤めていた。いったんは工場のそばの防空壕に身をひそめたのだが、家族が心配でたまらず、壕を飛び出したのだ。爆撃のなかを走りに走ったらしい。

「ここにいたら死ぬぞ！」

アジョシはもう一度叫んだ。どうして彼がそう信じ込んだのか、六〇年近く過ぎた現在も、いまだ理由がわからない。突然の空襲に襲われパニック状態でそんな妄想が浮かんだのかもしれないし、誰かがそう告げたのかもしれない。あるいは突然、天の啓示でも受けたのかもしれない。

そんな状況で人はどんな行動をとるだろうか？

アジョシは朝鮮語で叫んでいるのだから、日本人には何のことかわからない。朝鮮人家族のとった行動は二つに分かれた。アジョシの言葉を信じて外に飛び出した家族と、そんなはずはないとなかに止まった家族とである。

普通に考えれば、爆撃を逃れて壕に逃げ込んだのに、わざわざ飛び出してゆくほうが馬鹿だ。まだしも冷静な親は壕のなかに止まった。しかし、私の母は、我を忘れてアジョシの言葉にすがりついた。私を負ぶったまま壕から飛び出したのである。

だが、それで助かった。

その夜、防空壕入り口の真正面に焼夷弾が墜《お》ち、安全なはずの壕のなかは丸焦げになってしまったのだった。

＊

飛び出した壕の外は真昼のように明るかった。

どこもかしこも、はるか彼方までまっかに燃えていた。洗足神社の大鳥居が、鳥居の形そのままに炎に包まれている光景を、いまだに忘れられない。記憶のなかのその光景は、まるで壮大な時代劇の一場面のようである。

慌てふためいて外に飛び出した母だったが、金だか李だかのアジョシの姿はすでになかった。母は燃えさかる火の海を、アジョシの姿を求めて彷徨《さまよ》いはじめた。

どれだけ歩いたことだろう。ひときわ大きな炸裂音と同時に、空がいっそうあかるくなった。すぐそばに焼夷弾が墜ちたのだ。母のもんぺに火が移り、背中の私も火の粉を浴びた。

「水！　水！　水をください！」

泣きわめく私を負ぶった母は、そう泣き叫んでいた。

地獄絵とはあのことをいう。阿鼻叫喚《あびきようかん》の世界だった。母の右足は炎に包まれていた。水筒にはまだほんのすこし水が残っていたが、そんなものが足しになるはずもない。道路のいたるところに人が倒れ、もがき苦しんでいた。あちこちで「水！　水！」と叫ぶ声が聞こえた。バケツを片手に走り回る人の姿もあったが、誰もこんなときに赤の他人を助けてやろうなどとは思わない。それは日本人でも朝鮮人でもおなじことだ。

ようやく見つけたドブに足を突っ込み、母はなんとか火を消し止めた。その日から生涯、母の右足全体を覆ったケロイドの痕が消えることはなかった。私の右のすねにも、まだ火傷《やけど》の痕が残っている。

火の手がやっとおさまったのは、ようやく空も白みはじめたころだった。家々はあらかた焼けていた。道路のいたるところに丸焦げになった死体が転がっている。あちこちで木の柱が燻《くすぶ》っていた。記録によれば、この日ひと晩で消失した家屋は二八万戸、死傷者はおよそ一二万人という。

私たち母子もそのなかに入っている。ひとつ間違えば、「傷者」ではなく「死者」のほうに入っていた。

大火傷を負いながらひと晩中歩き通しに歩いた母は、朝方、ついに力尽きて公園のベンチかどこかにへたり込んだ。自分と息子の怪我を心配するのも忘れて放心しているところに、「ここにいたら全員死ぬぞ！」と防空壕で叫んだアジョシが迎えにきてくれた。

「ヌナ（姉さん）、無事だったか！」

彼は私の母を「姉さん」と呼んでいた。父と一緒になってひと晩中、母と私の姿を探してくれたらしかった。

空襲警報が鳴って、いったんは工場近くの防空壕に潜り込んだ父も、爆撃音がひと段落すると居ても立ってもいられなくなって、外に飛び出したのだという。アパートには当然誰もいない。裏山の防空壕のなかにも母の姿はない。なかにいた同胞の一人が、「奥さんなら、さっき子供を負ぶって外へ飛び出していった」と言う。「馬鹿な！」と激しく舌打ちしながら、父は父で火の海のなかに飛び込んでいったのだという。

ひと晩中探しても見つからなかったのを、朝方になってアジョシが発見してくれたというわけだ。私たちは町内会か何かが建てた緊急避難用のテントで、ようやく父と再会した。母の火傷は予想以上にひどかったが、そんな状況では医者に診せるわけにもいかない。父が薬を塗り、精一杯の手当をしてやっていた。

午後になって、近所で果物屋をやっている親戚が見舞いに来てくれた。あんな地獄絵のなかにいたにも拘わらず、その親戚の家では何があっても生活の糧を失ってなるものかとひと晩中、商売道具の果物が燃えないよう水をぶっかけていたらしい。灰のなかに転がっていた果物のうちからまだ食えそうなリンゴとミカン、それからビワを拾って持ってきてくれた。

ほんの数時間前、地獄から生還したばかりだというのに、子供というのは他愛《たわい》ない。私は生まれてはじめて食べたビワの味に、世の中にこんな旨《うま》いものがあるのかと驚嘆していた。

## 「ここがあんたたちの住まいだ」

大空襲を受けて日本の敗色は濃厚になった。

日本人のなかにはまだ「いまに神風が吹いて」などと本気で信じている者もあったようだが、我々は「神国」とも「大和魂」とも無縁だった。妙な思い入れがないぶん朝鮮人は日本人よりずっと現実的だった。その時点ですでに日本の敗戦を確信していた。

焼け出された人々は、親類縁者を求めて大移動を開始した。「次はどこそこがやられる」などとデマが乱れ飛び、日本中が狂騒状態にあった。朝鮮人の移動はとくに激しかった。もともと根なし草の我々は身が軽い。全国に散っていた在日は、より安全な土地を求めて彷徨《さまよ》いはじめた。

私たち一家が目指したのが栃木県の国分寺町だった。そこで同郷の知人が鉄工所を開くために人手を探しているという噂を、父が小耳に挟んできたからであった。その人は名前をたしか朴《パク》といった。国分寺町の鉄工所に住み込みで働いていたのだが、そこの社長が借金でもこしらえたか、はたまた空襲の噂でも聞いたのか、とにかく一家そろって着の身着のままどこかへ逃げ出してしまった。残された鉄工所へ夜半にこっそり忍び込んだ朴は、機械のなかでもいちばん値の張る旋盤を力任せに担ぎ出した。ようするに主の留守をいいことに、盗みを働いたというわけである。これを元手に商売をはじめようと仲間を探していたらしい。ことの真偽は知らないが、そんな話を聞いている。事実とすれば威張れた話ではないが、なにぶんにも敗戦前後の混乱期だった。似たような話は他にいくらでもあった。

とにかく、私たちはその人を頼った。それに国分寺町近くの雀宮《すずめのみや》というところには、皮膚科のいい病院があるという。母の火傷を治すのが、まず第一であった。

東京から国分寺町へは一本道で行ける。

大空襲から一週間も経たないうち、父は自転車の後尾にリヤカーをくくりつけて東京を出発した。荷台の上に重傷の右足をかかえて呻《うめ》いている母と幼い私、それから生活に必要な家財道具一式を積み、噂にだけ聞いたその町を目指したというわけである。父もまだ十分に若かった。高々と尻を持ち上げ、重いペダルを踏み出しはじめた。

家財道具といっても、父がどこからか拾ってきた焦げ跡のついた布団と、ナベ・カマの類くらいのものであった。アパートのなかにあった一切合切は焼けてしまった。わずかばかりあった蓄えも失った。私たち一家は乞食同然であった。しかし、みんなそうだった。首都のなかを、無数の亡者と餓鬼が水と食糧を求めて徘徊《はいかい》していた。自転車とリヤカーがあったわが家は、まだしもだったと言わなければならない。国道の上には地方へ逃れようと徒歩で移動する人々が大勢いた。

なかには全身ぐるぐるに包帯を巻き、杖をついてようやっと歩く人の姿もあった。

北へ北へと移動する人々の群のなかには、朝鮮人の家族もちらほらあった。その当時、朝鮮の女たちは日本にいても朝鮮風のチョゴリ(上衣)を着ていたのでひと目でわかった。我々朝鮮人というのは同胞意識が強い。同郷意識がとりわけ強い。同胞の姿を見つけると父は自分の故郷を言い、この近くに金泉郡の出身者が棲んでいないかと探すのだった。国分寺町まで三日ほどかかったと思うが、その道中、おなじ故郷の同胞たちがかならず食糧や水を恵んでくれた。

雨がなかったのだけが幸いであった。夜になると私たち一家は、リヤカーの荷台に敷いた布団のうえで川の字になって寝た。四つか五つの子供が三日三晩も起き通しでいられるはずはないのだが、不思議と眠ったという記憶がない。憶えているのは、ただまっくらな闇と無性に寂しいという気持ちである。そんな幼児に事態の深刻さなど理解できるわけはないのだが、父母の心労が伝染したのか、社会全体を覆っていた不安が感じやすい子供の心にのしかかってきたかのどちらかだろう。ただただ、心細かった。夜のあいだ、ひたすら眼を凝らし、耳を澄ませていたような気がする。そうしていないとその冷たい闇のなかに、いまにも引き込まれてゆきそうで怖かった。

記憶にあるのは、星ひとつないまっくらな夜である。何も見えなかったが、ひと晩中、人の気配がした。人々が地面を刻むざくざくという音だけがいつまでも聞こえた。そんな夜中に大勢の人が歩いているわけはないのだから、それは日中の騒音の残響だったかもしれない。すべては朧《おぼろ》で、夢のなかの出来事のようである。もしかしたら、昼も夜も眠り続け、ずっと夢を見ていたのかもしれない。

＊

そうしてようやくたどり着いた国分寺町では、旋盤を盗み出して張り切っていた朴が竹藪のなかの掘っ建て小屋に案内してくれた。

「ここがあんたたちの住まいだ。自由に使ってくれ」

と、彼は言った。

誰かよほどの貧乏人が打ち捨てていったものらしく、見るも哀れなバラックだったが、私たち一家とて無一文である。雨露凌《しの》げるだけでも上等と言わなければならなかった。その場所で玉音放送を聞き、日本の敗戦を知ったはずだが、とくに記憶はない。その年の一二月、冷たいすきま風が吹き抜けるその粗末な小屋で、下の弟が生まれた。その小屋から、私は小学校に通った。

国分寺の町には同胞の家が五、六軒あった。東京から疎開してきたのは私たち一家だけであったが、同胞たちは分け隔てなく接してくれた。食糧は分け合うのがあたりまえだった。どの家も平等に貧しかったから、配給だけが頼りだった。当時の在日は貧しかったぶん、よく助け合った。私が小学校にあがるときも、同胞の誰かのお下がりをもらった。同胞たちは、米なら米、野菜なら野菜と、運良く手に入れた配給をお互い融通しあって飢えを凌いでいた。国分寺に着いてから二、三年は、ずっとそういう生活だった。

小学校は町立国分寺小学校である。

町にひとつしかない小学校だから、一学年が一〇クラスもあった。私は西原光熙《にしはらこうき》と日本名で通学した。担任は、一年から三年まで菊池先生といった。ずんぐりむっくりの女教師でお世辞にも美人とは言えないが、愛嬌のある風貌をしていた。この先生にはずいぶんとよくしてもらった記憶がある。当時は体操着から運動靴まで配給制で、籤《くじ》で当たった者だけが上等の製品を買えることになっていたのだが、どういうわけか私はいつも一等か二等が当たった。あれはおそらく菊池先生が陰で細工してくれていたのではないかと思う。級友たちが囃《はや》すほど明々白々な依怙贔屓《えこひいき》だった。先生は大陸で両親を失い、妹と二人で戻ってきた中国からの引き揚げ者だったと聞く。似たような境遇の私に同情してくれていたのかもしれなかった。

差別を受けたという経験は不思議とない。

周囲は私が朝鮮人であることを薄々知ってはいたのだろうが、そのことで侮蔑されたとか、屈辱的な言葉を投げつけられたというような記憶はほとんどない。これはおそらく土地柄によるものであろう。都市部とは違って、国分寺町には在日がすくなかった。小学校、中学校、高校と同級・同学年に朝鮮人の子が一人もいなかったし、日本名を名乗っていたせいもあって、それほど目立たなかったのかもしれない。私は近所に棲む米屋のカワダや床屋のヒロシを従えて、いっぱしのガキ大将気取りだった。

それとは別に虐《いじ》められたことならある。

二年生か三年生のころだったと思う。もう名前は忘れたが、二つばかり年長の製粉所の倅《せがれ》に執拗に虐められた。いかにも金持ちの子らしく、色白の細身に坊ちゃん刈りの少年だった。何がきっかけでそうなったのかもう憶えていないが、ある日彼ととっくみあいの喧嘩になった。おない年の子とならたいてい負けない自信はあったが、小学生で二つも齢が違えば大人と子供のようなものだ。終始馬乗りに組み敷かれていたのだが、何かの拍子に私の拳が彼の顔面にまっすぐ入った。彼は鼻血を出して泣きながら帰っていった。

その日からである。

来る日も来る日もその少年が、家のそばの竹藪に身を潜め、私の帰りをじっと待ち伏せるようになった。あれには本当に参った。そこを通らずには家に帰れないから毎日竹藪の前を通る。すると、ばさばさと音がして青竹の棒を手にしたヤツが飛び出してくるのだ。全身青痣《あざ》だらけになるほど滅茶苦茶に打ち据えられた。それが毎日のように続くのである。今日はいないと胸を撫でおろしていると、別の方角から音がして飛び出してくる。まるで天狗か忍者のようであった。体力で勝る上級生が棒きれをもって襲いかかってくるのだから堪《たま》らない。ひたすら頭を抱えてうずくまっているほかなかった。帰宅の時間をずらしてみたり、裏口から家に入ろうと工夫してみたところで、どこで見ているのか、かならず発見されてしまう。後にも先にも、あんな執念深い奴は他に知らない。聞けば、彼は同級生のあいだでは虐められっ子のようであった。おそらくは何か屈折した心理を抱えていたのであろう。きっと私を打ちのめすことで鬱憤晴らしをしていたのだと思うが、連日青竹で滅茶苦茶にひっぱたかれる身としてはたまったものではない。学校に行くのが憂鬱でしかたなかった。しかし、それでも私は両親に訴えることはしなかった。格好が悪いからである。男の子というのはそういうものだ。少年が卒業して中学校にあがっていったときには、心底ほっとしたのを憶えている。

＊

終戦と同時に在日朝鮮人の引き揚げがはじまった。同胞たちの多くが下関を目指した。当時、「在日朝鮮人の味方」を自称していた日本共産党が政府にかけあって下関行きの臨時列車を出してくれたおかげで、在日はタダで鉄道を使うことができたのだ。けれども、私の父は帰国の道を選ばなかった。母の火傷が重傷過ぎて、とてもそんな大移動には耐えられないだろうと判断したためである。

ところが、国分寺に越してから三年もしないうち、私たちが頼った朴の一家が旋盤を担いで南朝鮮に帰ってしまった。竹藪のなかの掘っ建て小屋から朴一家が棲んでいた瓦葺きの二階屋に移れたので私は嬉しかったが、両親は困り果てていた。旋盤がなければ鉄工所はできない。仕方なく、父は行商人になった。東京から仕入れてきた衣料や菓子などを、自転車の荷台に積んで売り歩くのである。

田舎ではめずらしい都会の流行品はよく売れたようだった。ほどなく、父は仕入れのみの担当となり、販売は人を雇ってやらせるようになった。そのころには、下に妹が二人生まれ、わが家は六人になっていた。あいかわらず貧乏には違いなかったが、多少は生活にも落ち着きのようなものが出てきた。

## 成楽福青年と青年学校

一九五〇年に朝鮮戦争がはじまった。

この戦争は米国とソビエト連邦の代理戦争のようなものであった。二つの超大国のイデオロギー対立を背景にして、朝鮮半島が北と南に分かれて闘ったのである。金日成という名前をはじめて聞いたのは、たしかそのころだった。両親の会話のなかに、しきりと「金日成将軍」という言葉が登場するようになった。朝鮮から日本軍を追い出し、祖国を解放した英雄なのだという。今度はソビエトの後押しを受けて半島を米国の帝国主義から守るため、北の軍隊を指揮して必死に闘っているらしい。日本帝国主義による植民地支配の屈辱を受けた我々朝鮮民族は、「帝国主義」という言葉にアレルギーがあった。祖国を守るため帝国主義に抗して闘っているのが金日成なら、きっと真の英雄に違いないと信じた。そのころは毎朝の新聞を見るのが楽しみだった。北軍がどこそこまで進軍したというような記事を見つけては、勝った勝ったと喜んでいた。

行商である程度のカネを貯めた父は、当時在日のあいだにひろがっていたパチンコの商売にも手を出していた。ホールを借りるあてをつけ、東京で廃台となった流行遅れの機械をタダ同然で払い下げてもらったのである。これを五〜六台並べただけの原始的なホールではあったが、周囲に同業者が一軒もなかったせいもあって面白いように客が入った。初期のパチンコは「メダル式」と呼ばれるものが主流だった。機械にメダルを入れると銀玉が一個か二個出てくる。これを弾《はじ》いてポケットに入ると、メダルが数枚出てきて景品と交換できるという仕組みである。台の前に椅子はなく、立ったままで打つスタイルが一般的であった。当時の台はむやみに釘の数が多かったと記憶している。

景品は煙草と菓子だった。煙草は「ゴールデンバット」と「光」だったが、子供はそんなものには興味がない。私たちきょうだいの関心の的は、東京から山と運ばれてくる豊富な菓子類だった。森永のミルクキャラメルや、銘柄はもう忘れたが赤い包装の板チョコ、それに羊羹やかりんとうなど、なんでもあった。これを盗み食いするのがひそかな楽しみであった。そんなふうだったから、私たちきょうだいは甘いものにだけは不自由しなかった。

＊

あれは中学二年の夏休みに入る前だから、一九五五年の初夏だった。

学校から帰ると、父と母が手を打って笑い転げる声が聞こえた。居間には、両親を前に見知らぬ青年が胡座《あぐら》をかいて、ひとり大声で喋っていた。卓袱《ちゃぶ》台の上には空になったキリンビールのビンがすでに二本か三本ならんでいたが、母が酌をするたび、青年はすごい勢いでコップをあおっていく。母は慌てて裏の井戸までお代わりをとりに行かなければならなかった。

「ウチの長男が帰ってきました」

と、父が私を紹介すると、「君が光熙《グアンヒ》君か。まあ、ここへ来て座りなさい」と、青年は自分の家のように威張って言う。けれども、その様子にちっとも嫌みがないのが不思議だった。

「光熙君、きみは朝鮮人か日本人か？」

と、ビールで顔をまっかにした青年は訊いた。

「朝鮮人です」

と答えると、青年は満足げにうなずいて、

「きみは将来、朝鮮に行きたいか、それともアメリカに行きたいか？」

と、また訊いた。

私が、「朝鮮に行きたい」と答えると、青年はさらに満足したようにニッコリ笑って、私の頭を撫でた。

「いま、朝鮮はアメリカ帝国主義と闘っている。南朝鮮の李承晩《イスンマン》は悪いヤツだ。祖国を米帝に売り渡そうとしている。せっかく日帝を追い出したというのに、今度はアメリカ人の奴隷となって朝から晩までこき使われるなんて、まっぴらごめんじゃないか。その李承晩と闘っているのが北朝鮮の金日成将軍だ。だから、我々在日は一生懸命金日成将軍を応援すべきだ」

時々、栃木訛りの妙ちくりんな朝鮮語を交えて、青年はそのようなことを言ったと思う。よほどの酒好きとみえて、そのころにはビールを切り上げ、家でつくっていたマッカリ（どぶろく）の丼にまで手を出していた。

青年の名は、成楽福《ソンラクボク》という。その年の五月に結成されたばかりの朝鮮総連の、青年同盟（朝青）専従活動家だった。総連の前身は四五年に在日朝鮮人の権益擁護団体としてできた朝連（在日本朝鮮人連盟）である。急速に左傾化の傾向を強めた朝連は日本政府によっていったんは強制解散させられたが、五五年に朝鮮総連として復活した。朝連と総連の最大の違いは北朝鮮への従属度だった。朝連は北朝鮮と金日成を全面的に支持していたが、絶対服従というわけではなかった。あくまで在日が主で、北朝鮮は従であったのである。ところが、これが総連と名称を変えた途端、主従が逆転した。この先、総連は次第に北朝鮮の完全な奴隷へと成り下がってゆくのだが、無論、当時の我々にそんなことが予測できようはずもなかった。

成青年の仕事は、県下に棲む同胞の家を訪ねてまわり、在日朝鮮人の結束を訴えることであった。聞けば、成青年の家は一家全員バリバリの活動家で、県下の在日のあいだでは知らぬ者のないほど有名な家族だったそうである。成青年は三人兄弟の末っ子で、一番上の兄は朝鮮総連栃木県本部委員長、真ん中は後に世界学生祭典（平壌で開かれるスポーツと芸術の国際祭典）の祖国訪問団団長を務めたほど人望が厚かった。

その日から、月に一度は成青年がやってきて泊まり込んでいくようになった。

私にとってこの青年の存在は大きかった。やれ、新着映画の上映会があるから見に来いとか、誰それの講演会があるから聞きに来い、などと言って私を連れまわす。映画はたしか、『郷土を守る人たち』とかいう題名で、抗日戦争で勇敢に闘う若き日の金日成を描いたものであった。長男で兄のいなかった私は、この年長の同胞を「ヒョンニム（兄貴）」と呼んでひどく慕うようになった。

成青年は宇都宮からバスに乗ってやって来る。

座布団にどかりと腰を下ろすなり、「おばさん、酒ないっスか?」と何はさておきそれを言う。

飲んで食って、おおいに喋る。陽気で、豪放磊落《らいらく》、民族愛の強い熱血漢だった。成青年の語る「祖国」は、北朝鮮への憧憬を掻き立てた。

＊

中三の夏休みであった。

「来週、奥日光の中禅寺湖で青年学校がある。光熙君も参加するな？」

と、例によって、潑剌《はつらつ》と成青年が言った。

もちろん「はい！」と勢いよく私は答えた。

青年学校の話はだいぶ前から聞かされていた。県下の青年同胞が一堂に集まって一週間もキャンプを張るのだという。国分寺に着いて以来、おなじ年ごろの同胞と話す機会もほとんどなかったから、成青年の言う青年学校が待ち遠しくてならなかったのだ。

青年学校は七月の終わりから八月の頭にかけておこなわれた。

早朝、成青年が迎えに来て、私たちはバスで宇都宮まで行った。そこから軽四輪のトラックの荷台に六、七人くらいずつ積まれて、中禅寺湖まで行った。背負ったリュックのなかには、一週間分の米、野菜、キムチなどが入っていた。

午後になって到着したのは、中禅寺湖の菖蒲ヶ浜というところだった。そこがキャンプ場になっていて、バンガローがならんでいた。他の地域からきた同胞たちも合流して、全部で四〇～五〇人ほどになった。金賛吾や馬春玉ともそこではじめて会った。全員が集合すると、すぐに男子は男子、女子は女子で、一班七人か八人ずつにグループ分けさせられた。

その日が最初の邂逅《かいこう》だったというのに、私たちは出会った瞬間、打ち解けた。

あの気持ちをどう表現したらよいのだろう。互いに名を名乗りあって自己紹介すると、しばらく会えなかった肉親にひさしぶりに巡り合えたみたいな、不思議な懐かしさのようなものがこみ上げてくるのだった。いままで経験したことのない感情だった。私を含めて若い同胞の半分は朝鮮語ができなかったから、我々は日本語で話した。それなのに、日本人の仲間たちと一緒にいるときとはまったく別の感情が沸いてくるのであった。

それから一週間は夢のように時間が過ぎた。

私たちは山に登り、沢を歩いた。飯盒で飯を炊き、カレーを煮込んだ。夜にはキャンプ・ファイアを囲んで歌をうたった。

成青年のように朝青から派遣された若者が何人かいて、祖国で流行している歌を教えてくれた。たしか、『豊かな朝鮮』とかいう題名だったと記憶しているが、定かでない。「赤いチョゴリで働く朝鮮の……」……歌い出しはそんなふうであったような気がする。社会主義祖国へのあこがれを掻き立てるプロパガンダ歌謡であった。

青年学校では朝鮮語の上手な者が尊敬されるようになっていた。朝鮮語を自由に操る青年が各班のリーダーとなり、我々は誰に言われるでもなく、競って祖国の文字を学習した。両親の話す朝鮮語だから我々も片言喋ることも聴きとることもできはしたが、文字の読み書きができる者は稀《まれ》だった。だいいち、我々の親の世代である在日一世たちは、ほとんどが着の身着のまま日本にやってきて、祖国で読み書きの教育を受けた者はほとんどなかったのである。

齢相応に悪童だった我々は、齢相応の悪さも働いた。

もう時効だから話してしまおう。中禅寺湖には鱒《ます》の養殖場があった。もちろん、禁漁区なのだが、見張りを立てて、ここに五、六人がならんで釣り糸を垂れた。誰かが針と糸を持ってきていたので、その辺に生えている竹か何かで即席の釣り竿をこしらえた。ちゃんとした釣り場で糸を垂らしている釣り人たちは一日粘ってようやっと一匹か二匹釣り上げるだけなのに、私たちはろくにエサもつけずに入れ食い状態だった。そんな荒っぽい漁法ではあったが、ほんの一時間ばかりのあいだに、三〇センチほどのまるまる太った鱒が、十数匹も釣れた。仲間たちがよろこんだのは言うまでもない。カレーライスだけで十分にご馳走なはずのキャンプの食卓に王様がやって来た。女の子たちが嬌声をあげて料理にとりかかった。

鱒の調理法にはコツがある。

まず、粗塩を擦り込んで、水で濡らした新聞紙で丁寧にくるむ。これを焚き火のなかに放り込んで蒸し焼きにするのだ。小一時間もすると、焼け焦げた新聞紙のなかからこんがり焼けた魚が出てくるという寸法だった。このやり方がいちばん旨い。

とにかく、一週間は夢のように過ぎた。その年から、高三の夏まで、夏休みには毎年青年学校に参加した。あんなに楽しかった経験は、後にも先にも二度とない。

## ミレルサランハジャ（未来を愛そう）

夏休みが終わると、そろそろ卒業後の進路を決めなければならなかった。勉強はほとんどしなかったが、中学の成績は悪いほうではなかった。私は進学希望校の欄に「石橋高校」と書いた。本当は宇都宮商業に入りたかったのだが、万が一を考えて安全パイをとることにしたのだ。

それとは別に、両親と成青年は揃って私に東京の朝鮮高級学校へ行くことを勧めた。そうすれば朝鮮語を学習できるし、祖国の歴史も学べる、と。それは組織固めを図っていた朝鮮総連の方針でもあった。けれども私は、「日本の高校に落ちたら朝高に行く」と言って断った。東京での寮生活に不安があったし、遠距離通学も嫌だったからだ。

青年学校で初めて会った同胞たちとは、その日のうちから大親友になっていた。とくにおなじ国道沿いの雀宮に住む金賛吾とは気があった。家が近いこともあって、しょっちゅう行き来するようになった。雀宮は、石橋町の先にある。石橋高校に通うようになってからは、いっそう近くなった。自転車で二〇分ほどの距離だった。学校が終わると、家に帰るか賛吾の家に遊びに行くかでいつも頭を悩ませていた。たいていはその日の気分で決めた。

雀宮には貧しい同胞が多かった。長屋のような三〇世帯ほどの朝鮮人街があって、富士重工に納品する下請け工場の工員や自衛隊の駐屯地を目当てに露店を出す商売人などが棲んでいる。こここには二〇人ほどの若い仲間がいたから、賛吾に連れられ、よく遊びに行った。彼らのほとんどは中卒で働いていた。

朝鮮人街は喧《やかま》しい。

一歩そこへ足を踏み入れるとキムチとホルモン焼きの匂いが鼻腔いっぱいにひろがる。それらを肴《さかな》に、男たちが昼間っから酒を飲んでいた。朝鮮人は感情の起伏が激しいから、そこかしこで泡を飛ばしながら口論している。葬式がはじまるともうたいへんで、白装束のムダン（巫女）を中心に、長屋の全員が集まって一日中泣き叫んでいた。

＊

石橋高校はハンドボールが強かった。

とくに、私が入学した当時は優秀な選手が多く、県下でつねに優勝を争っていた。高校に進学した私は早速、ハンドボール部に入部手続きをとった。部員は二〇名ほどいたと思うが、私は一年の半ばからレギュラーのキーパーに抜擢され、名キーパーと呼ばれたものだ。運動神経が特別優れていたというのではないが、ただ、私は飛んでくるどんな球も怖がらなかった。突き指をしても、ポストに激突して脳震盪をおこしても、平気だった。そこまで捨て身でゴールを守れる選手は他にいなかったから、三年の夏に退部するまで、レギュラーの座は揺るがなかった。そうして、二年の夏には北関東大会で優勝して全国大会に出場し、三年の夏には関東大会で準優勝して、やはり全国大会に出場した。私は外国籍なので、本来なら国体には参加できなかったのだが、先生が誤魔化して出場させてくれた。

　このハンドボール部の練習だけは熱心にやったが、学校の授業はろくすっぽ聴いていなかった。二年の後半からはほとんど高校に行かなくなった。それで何をやっていたかといえば、家の仕事を手伝ってわずかばかりの小遣いをもらっていた。

　そのころ、私の家ではパチンコの商売に見切りをつけ、ホルモンの煮込みや豚足の茹でたのを出す、簡単な総菜の商売をやっていた。パチンコのほうは、東京から最新式の「機関銃」という台を数機購入して事業の拡大を図ったのだが、この機械は射倖性が強すぎるというので営業停止処分を受けてしまったのである。

　そんなわけでわが家は総菜屋になった。私の仕事は食肉処理場に行って、豚の内臓や足を貰ってくることであった。当時の日本人はそんなものは食わなかったから行けばタダで貰える。しかし、日本人にとっては「ほうるもん」でも朝鮮人にとってはご馳走である。内臓はごしごし洗ってから唐辛子味噌で煮込み、足は茹でてから軽く火で炙《あぶ》り、きれいに毛を毟《むし》ってから酢味噌を添えて出すのであった。パチンコと比較すれば売上げのほうは較べようもないが、原価がまったくかからないから悪い商売ではなかったようだ。

　あとはたいてい、賛吾の家に入り浸っていた。高校に行かなくなったのは、この賛吾の影響だ。賛吾は小柄だが敏捷で、腕っ節が強かった。気位が高く、「日本人から馬鹿にされた」と言っては年中喧嘩ばかりしていた。私にはちっとも気にならないような些細なことが、賛吾にとっては「民族差別」になるようであった。学校は私立の作新学院だったが、ほとんど行っていなかった。

「どうせそのうち朝鮮に帰るんだ。いまさら日本の学校なぞ行って何を勉強するんだ」

などと嘯《うそぶ》いていた。

贊吾の家は鉄工所をやっていて、四人きょうだいの長男だった。午前中は家の手伝いのマネゴトなどをして、後は自分の部屋でゴロゴロしている。生意気に昼間っからくわえ煙草《たばこ》でサントリーの角瓶を舐《な》めているときもあった。そして、たいていは片肘をついて朝鮮語の書物を斜め読みしているのだった。総連の県本部から送られてくる金日成将軍の武勇伝が主だったと思う。そうやって毎日、私が来るのを待っている。

そんな贊吾が同年代の同胞から一目置かれていたのは、他の誰より流暢に朝鮮語を喋ることができたからであった。彼は東京の寄宿舎に入って、九年間、朝鮮初中級学校で学んだのだった。言葉だけでなく、朝鮮の歴史もよく知っていた。

私は英語は苦手だったが、地理と歴史が得意だった。授業にはほとんど出ていないのにこの二つの課目だけはよくできた。試験前にだけ集中的に勉強して、歴史の課目で満点に近い成績をとったこともある。そのことを贊吾に自慢すると、

「どうせ朝鮮に帰るのに、なんで日本の歴史なんかやるんだ？　勉強するんだったら、朝鮮の歴史を勉強しろ」

と、心底軽蔑したように言われてしまった。そして、

「ミレルサランハジャ（未来を愛そう）、だ」

と、贊吾はそのころ一部の在日のあいだで流行《はや》っていた言葉をつけ加えた。

「ミレって何だ?」

と、私が言うと、

「お前はそんなことも知らんのか。ミレは未来だ」

と、呆《あき》れたような顔で教えてくれた。

賛吾の両親は、朝鮮人丸出しの典型的な在日一世だった。家では朝鮮語以外、一切、喋らなかった。鉄工所をやっている父親はとことん豪快な人で、母親は愚かなまでに優しかった。賛吾と話し込んで遅くなると、「光熙君、今日はウチで食べていけ」と父親が勧めてくれる。たいていはホルモンのゴッタ煮にキムチの皿がついているくらいだが、その量たるや気が遠くなるほどであった。一生懸命箸を動かしてようやく丼を空にすると、「もっと食え」と、自分の食事も忘れて私の茶碗に飯をよそわせる。満腹になって途中で茶碗を置こうものなら、「全部食え」とたちまち声が飛んでくる。いくら腹をすかせた高校生だって、丼飯を三杯も四杯もそうそう食えたものではない。自分がいつもそうされている賛吾は、苦しそうに腹をさする私を見てニヤニヤ笑っていた。

＊

その賛吾も下の弟と一緒に北朝鮮に帰っていった。

五九年の一二月に帰国船第一便が出た。彼らは第三船だったから、翌年の一月か二月であったと思う。私も兄弟を見送りに、新潟までついていった。

乾いた冬の朝だった。自転車で賛吾の家に行くと、一家全員、晴れの門出の準備に大忙しだった。賛吾と弟は詰め襟の学生服で、足元に大きなリュックサックが用意されていた。

賛吾の両親は雀宮の駅まで二人の息子を見送った。

「祖国のためにしっかり働けよ」

父親は息子たちにそんな言葉をかけたように思う。兄弟はニッコリと誇らしげに微笑んでいた。見送るほうも、見送られるほうも、まさかそれが今生の別れになるのだとは、想像だにしなかったに違いない。この先、北朝鮮との往来が自由になるのだというようなことが言われていたから、兄弟は祖国が期待通りでなかったらすぐに日本に帰ってくるつもりでいた。両親は両親で、息子たちの後を追ってもうすぐ帰国するつもりでいたのだった。だから、その場面に涙などなかったし、いささかの悲壮感もただよってはいなかった。ときに、悲劇は、こんな清々しい朝にはじまっている。そして、誰もそのことに気づいていない。

賛吾の両親が一緒に行かなかったのは、祖国の真相がさっぱりわからないためであった。総連の言う「地上の楽園」が果たして本当に本当なのか、上の兄弟をひとまず先に帰して事情を確認させようとしたらしい。当時はそうした家族が多かった。そのころ総連は、「祖国では一日の豚肉の割り当てが何グラムだ」とか「卵は一日いくつ配給される」とか、そんな景気のいいことばかり言っていたが、これを疑う者も多かったのだ。

我々はまず、宇都宮に向かった。そこで第三船で帰る栃木県下の同胞と合流する予定だった。帰国者はおよそ二〇人。そのなかには賛吾と弟や馬春玉の一家も含まれていた。一家で帰国するものは、土地も建物もすべて総連に寄付して日本を後にしたのだった。これに私を含めた見送り部隊総勢約五〇人が加わって、新潟を目指した。

宇都宮から東北本線で大宮に行った。そこから上越線に乗り換えて新潟に向かったのである。青年学校で一緒だったから、若い同胞たちはみんな仲間同士だった。道中、賛吾や春玉ら帰国組は意気揚々と、差別のない祖国で力一杯仕事をするのだなどと語り合っていた。私たち居残り組は羨ましそうに彼らを眺めていた。

新潟に着いたのは夕方だった。賛吾は他の帰国希望者たちと一緒に海岸沿いの日赤センターに入っていった。彼らは一週間泊まり込みで合宿生活し、最終的な意志確認を受けることになっている。

ここでお別れだった。

「後から、かならずおまえも来るんだぞ！」

何度も手を握り合った後、私の背中に賛吾が叫んだ。

「もちろん、かならず！」

後ろ髪を引かれるように、私も振り返って怒鳴り返した。

記録によれば、カルカッタ協定は六七年まで続き、この時点までの帰国申請者は一四万一八九二件、申請取消が二万三三八三件、意思変更が一万七四九二件という。私の家は、このうちの「申請取消」の組に入った。私の家では帰国の申請は出したものの、出発の直前になって母が「そんなに急速に国が発展するはずがない」と言い出し、申込みを取り下げてしまったのだった。賛吾らとともに祖国の土を踏む夢を抱いていた私は激しく母をなじった。

しかし、結局、母が正しかった。

第一船で帰った父の知人から、ふた月ほどして手紙が来た。

「○○（娘の名前）がいつも言っていたことをよくよく考えてみるべきでした」

手紙のなかにそんな一文があった。

その家では、一家全員で帰国したのだが、どういうわけか、いちばん下の娘だけが泣いて帰国を嫌がっていた。その娘の言っていたことを考えてみるべきだったということは、つまり「帰らないほうがよかった」「おまえたちは帰ってくるな」というサインだ……。もしあのまま船に乗っていたら、私たち一家はいったいどうなっていたか……。大空襲のときといいこのときといい、私は生涯二度も母に命を救ってもらったようなものだ。

## オルグした日々

ハンドボール部の練習は別として、三年になってからはほとんど学校へ行っていなかったから、卒業はもうできないものと諦めていた。というより、自分ではもう高校を辞めたつもりで、さっさと総連支部の専従職員になっていた。母の説得によって帰国を断念した時点で、私は成青年のような朝鮮総連の活動家になることを決意したのだった。だから、日本の高校の卒業証書があろうとなかろうと、そんなことはどうでもよかったのだ。

ところが、卒業間近になって、ハンドボール部の仲間が家にやってきて「『卒業式に出てくれば卒業証書をやるから出てこい』と先生が言っている」と伝えてくれた。そんなうまい話があるものなのかと思ったが、ものは試しと行ってみたら、本当にくれた。おかげで私は、履歴書の学歴欄に「一九六〇年、栃木県立石橋高校卒業」と書くことができる。きっとハンドボール部の先生が口添えしてくれたのだろう。この先生は何かと私に便宜を図ってくれ、「ハンドボールの選手として日体大に推薦してやろうか」と勧めてくれたこともあった。

いなくなってしまうと、私にとって賛吾の存在がいかに大きなものだったか、身に染みてわかった。あいつこそ、胸襟開いてすべてを打ち明けることのできる唯一の友であったのだ。賛吾と一緒にやったことといえば、畳の上に寝転んで好き勝手なことをダベっていた時間がほとんどだったが、その時間こそが私にとって何より貴重なものだったということが、そのころになってわかった。私は、いつか平壌の地で賛吾と劇的な再会を果たす場面を夢見ながら、あまり面白みのない支部の仕事を淡々とこなしていた。

朝鮮総連栃木県本部下都賀支部は遊園地で有名な小山にあった。

専従職員となった私は、入ったその日から副委員長だった。というのも、支部には専従職員は二人しかおらず、もう一人の先輩が委員長だから必然的に私が副委員長というだけで、実際はただの下働きである。初任給は二〇〇〇円か三〇〇〇円だった。そこで週二回、東京の本部から送られてくる機関紙（当時はたしか朝鮮民報といった）の配達などを半年ほどやった。

当時の総連活動家というのは、同胞たちのあいだでは尊敬半分、同情半分の眼で見られていたと思う。組織の専従になるのは飛び抜けて民族愛の強い純粋な人間だと尊敬はされたが、その薄給ぶりはまったく泣きたくなるほどであった。地方によっては無給のところさえあったという。

高度成長期の入口で、日本の経済はぐんぐんとよくなっていた。東海道新幹線が開通したとか、首都高が敷かれたとか、あちこちから景気のいい話が聞こえてきた。サラリーマンの月給もうなぎ登りで、たしか大卒の初任給が三万とか四万とかいっていたと思う。その時代に二〇〇〇円か三〇〇〇円の給料ではとても生活などできなかったが、足りない分は同胞たちがなにくれと面倒見てくれた。「今日はウチで食べていけ」と夕餉《ゆうげ》のご相伴にあずかることは毎日のようであったし、帰り際には米やキムチを袋に入れて持たせてくれた。ときによっては「支部のほうで飲んでくれ」と一升瓶を手渡されたり、いくばくかの心付けを包んでもらうことさえあった。年に一度、私のために背広を新調してくれる洋服屋の親父さんもいた。だからそのころの私は、そんな同胞たちの好意に甘えて生かしてもらっていたようなものだ。もちろん、貯金など一円もできなかったが、私にしたところでカネが欲しいとか贅沢をしたいとかいう気持ちで専従活動家になったわけではない。ただただ、組織と同胞の役に立ちたい一心だった。純真といえば純真だが、阿呆といえば阿呆であった。

下都賀支部は県下でいちばん広い地域を担当していた。小山市、栃木市を含め、五〇〇～六〇〇世帯の同胞の家があったが、半分以上は我々の宿敵である韓国民団（当時は在日本大韓民国居留民団といった）の組織に属していた。なぜといえば、栃木には貧しい同胞が多く、総連系同胞の多くは船に乗って北朝鮮に帰ってしまったからである。

周知のとおり、総連は北を、民団は南を支持する。民団の結成は四六年。在日朝鮮人の中で、朝連（↓総連）のもつ左傾化傾向に反発した人々が、独自の民族運動を開始したのがはじまりである。

現在でこそ和解だ統一だとはしゃいでいる総連と民団だが、その当時はお互い罵《のの》り合う以外は口も利かなかった。特に戦闘的なのは我々総連のほうで、支部内で民団の催しがあると聞けばかならず潰しに出かけた。当時、民団のほうでは、一人でも多くの同胞を総連から脱退させ、自分たちの仲間に引き入れようと、盛んに宣伝事業をおこなっていた。韓国から情報機関の関係者や大学教授などを招いて北朝鮮の悪宣伝を流すための講演会を開いたりしていた。そこへ仲間たちを引き連れ、私が先頭に立って乱入するのだった。

「ウソばっかり言ってンじゃねえよ、馬鹿野郎！」

「聞いてらんねえよ、このインチキ学者！」

思いつく限りの悪罵を、あらん限りの大声で投げつけ、講演を妨害した。馬鹿なことをしたものだと、いまでこそ思うが、当時は真剣そのものであった。

そんなふうにして、駆け出しの活動家は総連下都賀支部で半年ほど過ごした。

＊

六〇年の五月に県本部に来いとの通達があった。青年同盟栃木県本部の組織部長になれという。自分はもちろん、周囲も驚くようなスピード出世だった。

朝鮮総連栃木県本部は宇都宮駅のそばにある。当時は元石町という地名であった。木造の三階建てで、一階が青年同盟県本部、教育会県本部、女性同盟県本部、二階が総連県本部と委員長室、そして三階は七〇人から八〇人を収容する講堂になっていた。ここでよく北朝鮮の記録映画の上映会などがおこなわれたものだ。

この映画が祖国礼賛宣伝に果たした役割というのは、果てしなく大きい。映像が伝えるのは、急ピッチで進む工場やアパートの建設現場であったり、いかにもエリート然とした学生が闊歩する金日成総合大学のキャンパスであったり、精力的に海外の要人と会ったり現地指導に赴いたりする金日成元帥であったりした。ようするに良いところしか見せていないのだが、そのひとコマひとコマに嘘はない。ところが、編集の魔術によってこれがとんでもなく壮麗な虚構へとつくり変えられてゆくのだった。たとえばこんな具合だ。

（ナレーション「日本帝国主義の占領下にあった植民地時代……」）みすぼらしい農村風景に痩せこけた人々。

（ナレーション「一九四五年、金日成将軍率いる朝鮮人民軍が祖国を解放した……」）演説する金日成、人民軍のパレード。

（ナレーション「そして、今日の朝鮮。活気あふれるわが祖国は、金日成将軍の賢明な指導のもと、今日もなお発展を続けるのである……」）満々と水をたたえた水豊ダムからどっと水が流れ出す→青々とした水田→刈り入れの風景→山と積まれる米俵→チャンゴ（太鼓）を叩いて豊作を祝う農民……。

事情を知らない者が観れば、誰だって解放によって貧しかった祖国が飛躍的に豊かになったというように錯覚する。しかし、そこが映画のトリックなのである。水豊ダムは、じつは植民地時代に日本がつくったものだし、山ばかりで耕地面積のすくない北朝鮮には水田などほんのわずかしかない。近代的な設備を備えた工場としてスクリーンによく登場した咸興の肥料工場も、戦争に負けて出ていった日本窒素の工場をそのまま転用していたものに過ぎなかった。しかし、それらのことを知ったのはずっと後になってからであって、当時は疑う余地などどこにもなかった。在日朝鮮人の九五%は南朝鮮(韓国)の出身者とその子孫であるから、北の実状など、ほとんど誰も知らないのだった。だから、「総連の祖国礼賛宣伝などデマだ」と言う韓国民団の支持者には、我々は頭から湯気を立ててこう反論することができたのだ。

「デマであるものか! 俺たちはこの眼で見たんだ!」

と……。

＊

朝鮮総連青年同盟(朝青)栃木県本部には、私を含め三人の専従職員がいた。委員長は安熔沢。帰国運動の自転車部隊を引率したあの青年である。そのころには三〇前後になっていたはずだ。家は雀宮一の大きなパチンコ屋をやっていて、県内有数の金持ち同胞の息子だった。自由になるカネがいくらでもあるものだから、県本部の仕事にはちっとも熱心ではなかった。何かと理由をつけては、早引けしてすぐ外に遊びに行ってしまう。その思想も背景も、社会主義的質実剛健を説く朝鮮総連の精神とはまったく相容れないタイプの男だったが、当時の在日のあいだでは一族のなかに総連の活動家がいるのが名誉なこととされ、熔沢は父親に説得されて渋々活動家になったらしかった。その下に副委員長がいたが、こちらは専従ではなかったので滅多に本部に顔を見せることはなかった。

だから県本部の仕事はもっぱら私と同僚の梁俊沢《リャンジュンテク》の二人でやった。梁俊沢は私とおない年で、東京の朝鮮高校を卒業してすぐ朝青県本部に配属され、宣伝関係の仕事をやっていた。ひと月遅れて私が朝青県本部にあがってきたときには、私が組織部長、梁が宣伝部長だった。

朝青に入ってからは、ますますオルグ活動に専念するようになった。今度は栃木県全域を担当した。国分寺から宇都宮までは電車で三〇分ほどの距離（当時は片道二〇〇円か二五〇円くらいだったと思う）だったが、平日はほとんど家に帰ることがなかった。オルグ活動に忙しく、夜遅くまで熱心に話し込んで、同胞の家に泊めてもらうことが多かったからだ。終電を逃して県本部の宿直室に泊まることもままあった。

オルグは支部のころからやっていたが、支部時代との違いは、対象を絞り、これと狙いを定めて計画的におこなうことである。とくに集中的にオルグするのは、純粋な若者たちだった。「あの子は頭がいいから学校の先生にしよう」とか、「あの子はすばしっこいから組織の活動家にしよう」などと県本部で決め、本人が次第にその気になるよう、徐々に説得してゆくのである。

もう一つ、県本部へあがって変わったことといえば、仕事のときに背広を着るようになったことだろうか。支部のころは普段着のジャンパーか何かでよかったのだが、県本部の職員は県内同胞のエリートということになっていたから、勤務中はかならずネクタイを締めているよう指示されていた。

我々青年同盟活動家にとって最大の勲章は、同胞を説得して北朝鮮に帰国させることであった。東京の中央本部からは、とにかく一人でも多く本国に送り込めという指示がきていた。最初は金持ちや有力者の子弟をオルグするよう指示されていたのだが、そのような家の子は日本で満足のゆく生活をしているのだから容易に落ちない。だんだん目先を変えて、このまま日本にとどまってもとても希望を持てそうもないような貧しい家の人々を狙うようになった。これと眼を着けた者に対しては、連日のように家に通って上がり込み、北朝鮮から送られてきた帰国者の写真や手紙を見せて、「地上の楽園」の素晴らしさを力説した。手紙には「食糧は配給制ですべてタダだ」とか、「家賃が安くて生活が楽だ」とか、「子供たちは全員大学に進学した」とか、いいことばかり書いてある。それもそのはずで、向こうから来る手紙はすべて検閲を通っており、いいことを書いた手紙しか日本に届かないようになっていた。

＊

私が帰国させたなかに、金という少年がいた。

金少年の一家は、宇都宮市の外れに父親と母親、それから齢の近い弟の四人家族で棲み、廃品回収業で生計を立てていた。いわゆる屑屋である。何度かその家を訪ねたことがあるが、家のなかは廃品だらけだった。古新聞や古雑誌の類がヒモで縛って積み重なり、赤錆だらけの自転車や古タイヤなどのがらくたが散乱していた。庭では二、三頭の豚を飼っていて、これも生活の足しにしていたようだ。

金はひょろっとした、口数の少ないおとなしい少年で、ろくに風呂にも入っていないらしく、いつも垢染みた顔をしていた。ちょっとトロいところがあって学校の成績のほうもぱっとしなかった。市内の朝青の集まりがあるときには欠かさず出てきたが、そのみすぼらしい身なりはひときわ目立った。

当時から宇都宮は焼き餃子が有名で、県本部の建物のそばにも餃子とラーメンを食わせる屋台村があった。当時でラーメン一杯五〇円くらいだったと記憶している。

集会が長引いたりすると、総連が若い同胞に甘いことを知っている少年・少女たちは「お腹空いた〜」とかならず言い出す。彼らはいずれ北に帰るかもしれない金の卵たちだから、こちらとしてもぞんざいには扱えない。

「じゃあ、餃子でも食いに行くか」

と、こうなるのだ。

屋台村にツケの利く店があって、代金は後で金持ちの商工人に支払わせるから、私たちはタダで飲み食いできた。

その屋台で、金少年から「これ、どうやって食べるんですか？」と訊かれたときには、さすがに驚いた。金は餃子で有名な宇都宮に生まれて育ちながら、これまで一度も餃子なるものを口にしたことがないのだと言う。他の子供たちが醤油と酢とラー油をあわせるのを不思議そうに見ていた。

「おまえ、本当に食べたことがないの？」

しかし、金は真顔でうなずく。

それほど貧しかったのだ。

この少年が高二のときから眼を着けていた私は、彼を講演会や映画上映会に引っぱり回し、一年かけてオルグに成功した。

金は、学校にも、同胞のあいだにも友達というものがほとんどなかったらしく、私にひどくなついていた。県本部の仕事場にしょっちゅう訪ねてきて、私がいなければ帰ってくるまで待っている。

「メシはすんだのか？」

と訊くと、たいていは首を振るので、カツ丼をとってやったり、屋台に連れ出したりした。

当時、宇都宮の繁華街に「田園」という名のコーヒー専門店があって、そこが我々総連職員の溜まり場だった。クラシック音楽の流れる重厚な内装の高級店で、一杯のコーヒーがラーメンよりずっと高かった記憶がある。この店もツケが利いたのでよく少年を連れてコーヒーを飲ませ、「どうせ日本にいても未来はない。新しい世界に行って自分の未来を切り開いてみないか」などと言って説得した。

餃子も食べたことがない少年だから、もちろん喫茶店に入ったことなどあるはずがなかった。はじめて入って革張りの椅子に座ったときには、緊張のあまり口も利けない様子だった。けれども、次第に慣れてくると砂糖とミルクをたっぷりと入れて、すこしずつ大事そうに味わってコーヒーを飲むようになった。その少年の満足げな顔を見ながら私は、

「共和国に行けばいまよりずっといい生活ができるぞ。コーヒーだって毎日飲める」

などと、口から出任せを言うのだった。

しかし、金少年は熱心に私の話を聞くのだけれど、なかなか首を縦に振ろうとしない。それもそのはずだった。そのころには、どうやら祖国の事情は総連の宣伝とはだいぶ違うらしい、などの噂が同胞たちのあいだにだいぶ浸透していた。いかに世間知らずの少年とはいえ、さすがにそのことには気づいていたらしかった。

けれども、少年が高校三年生の秋、事件が起きた。

宇都宮のデパートでたしか「アメリカインディアン民芸品展」というような催しがあった。銀製の装飾品や刺繍などを中心にした展覧会だったが、そのなかでもひときわ豪奢な銀の首飾りが、展覧会の途中で忽然とどこかへ消えたのだ。疑われたのが、展覧会にやってきてその首飾りにしきりに興味を示した金少年だったというわけだ。

少年の母親から県本部に電話があったのは、午前中だった。

前日の夕方、警察が家に来て、金を引っぱっていったまま帰してくれないという。すわ一大事と、私と梁俊沢は警察に顔の利く鄭《チョン》という商工人に電話して応援を頼み、市内の警察署に駆けつけた。午前一〇時か一一時くらいであったと思う。

受付の女性警官が「別室へどうぞ」と言うのを振り切り、

「いますぐここへ署長を呼べ！」

と、まず梁が一喝した。

生憎《あいにく》、署長は留守とかで、課長だか誰だかが出てきたが、私たちは衆人環視のなか、相手に口を挟む余地を与えないほどの勢いで矢継ぎ早にまくし立てた。

「少年がやったという証拠でもあるのか！」

「目撃者はいるのか！」

「朝鮮人だというだけで犯人扱いか！」

「民族差別だ！」

私たちは全員で激しく机を叩いて喚き散らした。

そこにいた全員が呆気にとられてこちらを見ている。

これは我々朝鮮総連の悪い癖である。

日本の当局と交渉するにあたっては、何かにつけて「民族差別」だの「過去の歴史」だのを持ち出してことさら猛々しく振る舞い、理不尽な要求でものませようとする。そうすると、敗戦によって贖罪《しょくざい》意識を植えつけられている日本人は決まっておとなしくなってしまうのだ。この方法はたいていうまくいった。

しかしこのときに関して言えば、事実、金少年は冤罪《えんざい》であった。

その日の午後、宇都宮駅のトイレから紛失したはずの銀の首飾りが出てきた。朝、駅員がトイレを掃除したときにはそこになかったのだから、首飾りはその数時間のうちに何者かによってそこに置かれたということになる。金は前日から警察によって拘束されていたのだから、その何者かが金少年でないことは明々白々であった。そして、さらに数時間後、真犯人である日本人の少年が母親に付き添われて出頭した。金少年の無罪が完全に証明されたわけである。

これが転機になったらしい。金は極度の人間不信に陥っていた。

私はいつもの「田園」に金を連れていき、ここぞとばかり熱を込めて説得した。

「結局、この国ではいつまで経っても朝鮮人は差別される。おまえは学校の成績もよくないし、とても就職など無理だ。共和国へ帰れ。そうすれば大学にも行けるし、希望の職業にも就ける」

思い詰めたような少年の横顔に、一瞬、決意が浮かんだ。

「……うん」

と、金は小さくうなずいた。

そして、気が変わらぬうちにと、今度は少年を両親のところへ引っぱってゆき、

「本人がどうしても帰りたいと言っているのだから、帰らせてあげてください」

と、卓袱台に額をこすりつけるようにして懇願した。

「韓さんがそれほど言ってくれるなら帰そうか……」

両親もようやく折れた。

このようにして私が北朝鮮に帰国させた同胞は、合計一二人か一三人にのぼる。活動家の成績としては悪いほうではなかった。しかし、白状してしまえば、私自身、心の底からあの国を「地上の楽園」と信じていたわけではなかった。東京の本部から送られてくる情報に間違いはないはずだと思っていたものの、心のどこかで疑う気持ちがなかったと言えば嘘になる。しかし、私は活動家としての成績を上げるため、自分を騙《だま》した。自分を騙してあの国を楽園と信じ込ませ、実際信じたつもりになった自分が今度は同胞を騙した。私を信じた同胞たちは北朝鮮に帰って行った。

金少年は第一〇〇便くらいの船で帰った。家族は伴わず、単身での帰国だった。しばらくして

から、少年が北朝鮮で行方不明になったという噂が流れた。その後、母親が時々県本部に訪ねてきて、「近ごろウチの息子からさっぱり手紙が来ない」などと訴えるので、その度に私はこそこそと逃げ回らねばならなかった。

いまさら謝ってどうなるものでもないことは承知の上だが、私は謝りたい。私は、自分の点数稼ぎのために、甘言を弄して同胞たちを地獄に送り込んだ。このことは、過ちの多い私の人生のなかでも、最大の過ちの一つである。

## 「本当にこんなところに人が棲んでいるのか」

どんなに掻き口説いても説得に応じなかった人間もいる。

「崔《チェ》のアバイ（おじいさん）」と我々が呼んでいた老人はその典型だった。

今市というところでタクシーの運転手をやっていた若い同胞が、県本部の専従となって配属されてきた。その彼が興味深い話をしてくれた。

「奥日光のさらに奥の、電気も通っていない栗山村というところに、総連にも民団にも属していない変わり者の同胞の家族が朝鮮式の焼き畑農業をやりながら棲んでいる。（北朝鮮の）咸鏡北道出身だ。今市にいたころ、よく山菜を分けてもらいにいったものだ」

その話を聞いた私は、直ちにその同胞を組織に引き入れようと思い立った。あわよくば船に乗せて北朝鮮に帰してしまうつもりであった。

一週間も経たないうち、同僚に車を出させ、栗山村に向かった。

聞きしにまさる僻村で、日光を越えて林道を抜け、鬼怒川を上流に遡《さかのぼ》ったさらにその先の、もう道路とはとても言えないような道なき道をライトバンで分け入っていった。たまたま同僚が元タクシー運転手で土地勘があったからよかったようなものの、普通の人間ならとっくに方向を見失っている。車がようやく一台通れるだけの細い山道で、両側は密生した杉の木が高々と連なって巨大な壁のようであり、昼だというのにヘッドライトをつけねばならないほどだった。もちろん、周囲に民家など一軒もない。

「本当にこんなところに人が棲んでいるのか……」

私は思わず声を漏らしたほどだった。

距離にすればたいしたことはないが、そんな危なっかしい山道をローギアでそろそろと進んだので、ずいぶん時間がかかった記憶がある。午前中に宇都宮の県本部を出発したのだが、目的の家を発見したのは午後四時を過ぎていた。

杉林の奥の目立たないところに、ひっそりと、いまにも潰れそうな山小屋が建っていた。トタンと藁で葺《ふ》いた屋根はびっしりと苔で覆われている。

「崔アバイ、イスムニカー？（崔おじいさん、いますかー？）」

木戸を横に開けて同僚が呼ばわると、なかから縞模様のシャツを着た七〇前後の爺さんがのそのそと出てきた。髭だらけのしわくちゃの顔で、背は高かったがやや猫背だった。

「青年同盟栃木県本部の幹部だ」

と、同僚が私を紹介すると、なかへ通された。

入ったところが土間で、その奥に板敷きの二間くらいの部屋があった。低い天井には石油ランプがぶら下がっており、なかは外よりは幾分あかるかった。板の間では、この家の娘らしい中学生くらいの姉妹が、ランプの灯りの下で額を寄せ合うようにしてノートに何か描いていた。奥で台所仕事をしていた女房は爺さんよりすこし若く、立ったままこちらに向き直って軽く会釈した。もう一人、息子がいるとのことだったが、東京の縫製工場に住み込みで働いているという。

ランプ以外にも、天井からいろいろなものがぶら下がっていた。まず、ウサギの毛皮が耳を束ねられて何羽か吊ってあった。あちこちに罠を仕掛けて生け捕ったものらしい。肉は家で焼いて食い、毛皮を業者に売るのだという。それから、川魚の干物が何枚か、口のところを糸で結わえて吊されていた。一度火で炙《あぶ》って水分を抜いてから干すといい干物ができるのだという。その他、野菜やら山菜やらも網の袋に入ってぶら下がっていた。ようするに、完全に自給自足の生活であるらしかった。

板の間には新聞紙がひろげられていて、籠のなかに山菜がこんもりと小山のように盛られていた。どうやら爺さんは外で採ってきた山菜の仕分けをしている最中らしかった。

この場所に小屋を建ててもう七、八年になるという。何を好きこのんでこんな人里離れた山奥に棲んでいるのかと、崔アバイに問うたが、笑ってはぐらかされた。どこかで借金でもこしらえて逃げてきたのかとも思ったが、そういう事情があったわけでもないらしい。ただ、「町は煩《わずら》わしい」とだけアバイは言った。

私たちは帰国事業を宣伝するため、スライドの映写機をライトバンに積んでいた。

「アバイは咸鏡北道の出身でしょう？　祖国はいまこんなに発展しているんですよ」

平壌その他の北朝鮮の街々を撮したスライドを一枚一枚見せながら、私は熱を込めて説明をはじめた。

しかし、爺さんは驚く素振りも見せず、馬鹿にしたようにせせら笑うのだった。

「こんなのは全部ウソだ。ワシは北の出身だから、向こうの生活の苦しさはよく知っている。あんなところは人間の棲むところじゃない」

いまだってこんな電気も水道もないところで原始人みたいな生活をしているくせに何を偉そうに、と喉元まで出かかったがもちろん口には出さず、辛抱強く私は説いた。

「いや、祖国は社会主義になって変わったんです。昔は地主に搾取されていましたが、食糧も配給制になって全員平等に配られています。肉の配給も一日一〇〇グラムあります。日本よりずっと豊かになった祖国に早く帰りたいと、ほら、帰国船はつねに満席状態です。順番を待っている人は早く自分の番が来ないかと一日千秋の思いで待ちわびています」

私はスライド写真を見せながら説明するのだが、アバイはいっこうに耳を貸そうとしない。

「愚かなことだ。みんな騙されているだけだ。あの地方がそんなに早く発展するわけがない」

終《しま》いには横を向いて煙草を喫《の》みはじめた。

人が親切で言ってやっているのに（と、そのときは本当にそう思っていた）——と、そのあまりの頑固さと蒙昧《もうまい》さに、だんだん腹が立ってきた。後から考えれば崔のアバイのほうが私より数倍も賢かったのだが、そんなことが当時の私にわかるはずもない。

およそ二時間も話し続けたのだが、アバイの態度はまったく変化なし。たとえ天地がひっくり返っても、北朝鮮に帰るつもりだけはない様子であった。これではとても説得は無理だと悟った私は、

「とにかく、宇都宮まででも出てくるつもりはないですか？　何らかの仕事は組織のほうで用意します」

と、戦術を変えることにした。とにかく宇都宮まで呼び出し、じっくりと時間をかけてオルグしようと思い直したのである。

「こんなところにずっといたのでは娘さんたちの教育にも支障があります。けっして悪いようにはしません。一週間後にまた来ますから、考え直してみてください」

これには崔のアバイも心を動かされたようだった。

「ふん……いちおう考えてみるか……」

ようやくそう言った。

数カ月後、崔のアバイは山小屋を引き払い、一家で宇都宮に出てきた。我々はアバイを初級学校の用務員として臨時雇いしてやることに決め、校舎の隣りに小さな家をつくってやった。ここに囲い込んでじっくりオルグするはずだったのだが、アバイにはこの新居が快適だったらしく、東京に働きに出ている息子まで呼び寄せ、とうとうそこに居着いてしまった。

# 第二章　学習組に入る

東京・千代田区富士見町にある朝鮮総連中央本部

## 「君を労働党員に推薦する」

県本部にあがって一年ほど過ぎた、六一年の四月か五月だった。オルグ活動の成果報告など、ひと通りの会議の後で、総連県本部組織部長の車乗洛《チャスンラク》に呼ばれて委員長室に入った。金日成将軍像を飾った部屋のなかには、成青年の齢の離れた長兄である成楽俊《ソンランジュン》県本部委員長以下、幹部たちが五人か六人、ずらりと居並んでいる。私は部屋の中央に置かれた木の椅子に座るよう命じられた。

一歩、総連の建物のなかに入ると、支部も本部もすべて朝鮮語で喋り、お互いを「同志」あるいは「同務」と呼び合う。北朝鮮で使われている用法とまったくおなじである。私の朝鮮語は一年余りの独習でだいぶ上達してはいたが、幹部たちが囁き交わす言葉のなかには時々意味のわからない単語が混じっていた。

扉が閉まるなり、委員長が厳かな口調で言った。

「韓光熙同務、これから我々が話す内容は、たとえ家族に対してでも秘密にしなければならない」

突然何を言い出すのかと思ったが、その場の空気は、これから何かとてつもなく重大なことが起こるだろうということを悟らせるのに十分だった。私は思わず身を固くして「はい」とひと言だけ答えた。

「韓光熙同務、君を学習組員に推薦する」

何のことかさっぱり事情が飲み込めない私は、ただ戸惑うばかりであった。

「学習組……？」

ただ呆然と、幹部たちの顔を順繰りに見つめながら私は呟《つぶや》いたと思う。

「ここは日本だから学習組という言葉を使うが、じつは栄光ある朝鮮労働党の在日非公然組織のことだ。つまり、我々は君を朝鮮労働党員に推薦しようというわけだ」

車組織部長が言った。

労働党員といえば、選び抜かれた朝鮮民主主義人民共和国の精鋭であり、金日成元帥の忠実な戦士であるといつも聞かされていた。その党員に、まだ二十歳にもなっていないこの私が……。しかし、幹部たちは、支部時代から今日にいたるまでの私の働きぶりをつぶさに観察したうえで、君なら大丈夫だ、推薦に値する、と言ってくれた。あまりに突然で、そしてあまりに光栄で、私は自分がかすかに身震いしているのを感じずにはいられなかった。

入党のためには二名の保証人が必要とのことであったが、これには車部長と県本部副委員長がなってくれた。

「これから祖国に判断を仰ぐが、遅くとも一年以内には結論が出るだろう。その間、十分に心の準備をしておくように。ここに入党決意文の見本があるから、諳《そら》で言えるように毎日練習しておきなさい。くれぐれも注意を促しておくが、このことは親兄弟にも言ってはならない。チャギマンアルゴー（自分だけの秘密）だ」

手渡された決意文は、もちろん朝鮮語で書かれていた。四〇年も昔のことだから、正確には思い出せないが、文面には、

「輝かしい朝鮮労働党の一員として……」

「常に革命的警戒心を持ち……」

「金日成将軍の忠実な戦士として……」

「たとえみずからの生命を落とそうとも……」

「日本での任務を遂行することを……」

などの文言がならんでいたような気がする。

後になって、だんだんとわかってくるのだが、じつはこの学習組こそが朝鮮総連の指令系統であり、実体そのものなのだった。朝鮮総連に属するどの組織にも学習組があり、学校にしろ、信用組合にしろ、商工会にしろ、学習組員でなければ幹部になれないのである。それぞれの学習組のうえにはその上部機関として学習組指導委員会があり、私を推薦した幹部たちは栃木県本部の学習組指導委員会の構成員というわけなのだった。この県本部学習組指導委員会が県内総連組織のすべての人事権を握っていた。そして、県本部幹部の人事権を握っているのは東京の中央本部である。東京・千代田区富士見町にある中央本部の構成員は、すべて学習組のメンバーで占められている。

＊

朝鮮総連では同胞を帰国させるとき、そして学習組に人を入れるとき、評定書というのをつくって本国に送る。これはその人物の履歴書に総連側の評価を加えたものである。北朝鮮に帰国した同胞たちは、すべてこの評定書によって判断され、配属を決められていた。私の評定書は県本部から東京の中央本部にまわされ、その後、平壌に届いたはずだった。

毎日、便所のなかや深夜の自室で一人になると、私は来るべき日に備えて決意文を復唱した。評定書が本国での審査を通過し、日本に送り返されてきたのはおよそ八カ月の後だった。六一年一二月九日のことである。

ふたたび指導委員会の幹部たちが居並ぶ県本部の委員長室に呼び出された。そして、金日成像に深々と一礼し、一字一句間違いなく記憶した決意の言葉を宣誓するという、入組（党）の儀式をとりおこなったのだった。しかし、まだこのときは、この学習組に裏の特殊任務があることは知らされていなかった……。

## 自己批判と相互批判

朝鮮総連には、中央学院という名の幹部養成機関がある。現在の中央学院は東京の八王子市にあるが、その当時は狛江市にあった。日活撮影所のすぐそばである。戦前は、共和会という日本軍に協力した在日朝鮮人の金持ちグループが飲み食いするのに使用していた宴会場のような建物だったそうだ。戦後、「日帝の狗《いぬ》となってひと儲けしたおまえらにこんな場所を使う権利はない」

と言って朝鮮総連がとりあげたものだという。

学習組の構成員はそのほとんどがこの中央学院で徹底的な思想教育を受けている。中央学院を卒業したということは、それだけ堅固な思想ができ上がったということであり、金日成の忠実な僕《しもべ》になったということである。そして組織においては、将来の幹部を約束されたということにもなるのだ。

学院には一カ月、三カ月、六カ月と三段階のコースがある。最初の一カ月は中央学院ではなく、関東学院、近畿学院などの地方校で受ける。私の場合は、五九年、高三の夏に大宮の関東学院に行った。ここでの一カ月は初級コースのようなもので、毎夏開かれる青年学校の延長のようなものくらいに思って参加した。実際、その合宿生活はさほど規律が厳しいわけでもなく、総連の会員なら希望すれば誰でも参加できる。授業のほうも朝鮮語の学習が中心で思想教育らしきものはほとんどなかった。

翌年、朝青栃木県本部組織部長として県本部にあがったとき、車組織部長に呼び出され、中央学院で三カ月の研修を受けてくるよう指示された。学習組への推薦を受けるちょうど一年前のことだった。

＊

駅を降りたら竹藪のなかを道なりにずっとまっすぐ……。

車部長に教えられたとおりに歩いてゆくと、なるほど、左手に武家屋敷のような、大きな木の門があった。

その日の朝、宇都宮を出発し、新宿から小田急線に乗った。私はグレーのズボンと白い半袖シャツにネクタイを締めていた。ボストンバッグのなかには運動着と下着の着替え、筆記用具一式に、十何万かの現金が入っていた。栃木県本部が用意してくれた三カ月分の合宿費用である。

朝鮮総連中央学院は、狛江駅から一〇分ほど歩いた竹藪のなかにあった。周囲はあまねく竹藪に囲まれ、外からは一切内部が見えないようになっている。門には表札らしきものは何もなかったが、前に立っていた数人の男たちが朝鮮語で話しかけてきたのでそれとわかった。

「どこから来た？」

「栃木県本部から来ました」

「名前は？」

「韓光熙です」

一人が名簿を確認しはじめる。どうやら彼らはこの学院の教官であるらしかった。

「よし。入れ。２０＊号室だ」

と、左斜め前方奥にある木造アパートのような建物を示した。そこが宿舎らしかった。

内部は思ったより広かった。二〇〇〇坪くらいあったのではないかと思う。

門を入ったすぐ左手のところに建設中の建物があって、これはそのうち教官用の宿舎になった。敷地のいたるところに桜の樹が植えてあって、高級料亭であったらしい往時の姿を偲《しの》ばせていた。桜の樹に繫がれて、二頭か三頭の大きな犬がワンワン吠えていた。こいつらは番犬らしい。

右手には平屋の大きな講堂があった。後で聞くと昔は宴会に使った大広間であったという。中央学院は、当時、ここを教室として使用していた。その奥にも、やはり、建設中の建物があって、やがてここが正式な教室として使われることになる。木造アパートと講堂と建設中の教室と、この三つの建物に囲まれた猫の額ほどの更地が運動場として使われていた。運動場の向こうの竹藪の裏には、多摩川が流れている。

階段を昇って指定された部屋に入るとすでに三人が室内にいて「よう。おまえも来たか」と私を迎えてくれた。群馬、茨城、東京と、いずれもどこかで顔を合わせたことのある関東の地方本部から来た若い活動家たちであった。

その後、静岡、愛知、大阪、長崎と、遠方から参じた活動家たちも到着し、相部屋の全員が揃ったのは夕方であったと思う。なにぶん四〇年前の話であるから記憶は定かでない。彼らの名前を思い出すことができないので、これからもうろ覚えの出身都府県名で呼ぶことを許されたい。この八人が一班で、私たちはその後三カ月間、朝から晩までほとんど行動をともにすることになるのだった。八畳の部屋に八人で寝るのだから、一人一畳である。狭苦しいことこのうえなかった。

全員揃ってしばらくすると、五十過ぎの教官が入ってきて「講堂に集まるように」と言う。彼が私たちの班の担当教官だった。

講堂は畳敷きで二〇畳か三〇畳くらいの広さだったと記憶している。ちょうど、柔道の稽古場のようであった。全部で五班か六班、四〇〜五〇人がいたと思う。うち、三分の一くらいが女性同務（活動家）であった。

まず、中央本部から来た幹部が訓示を垂れ、それから中央学院の院長が生活上の規則などを説明した。これが入学式であった。

本格的な授業がはじまったのは、翌日からである。

まず、朝は午前六時に起床する。軽く体操などして、八時に朝食。肉と野菜の入った汁にキムチとご飯。だいたい三食このメニューだが、夜はこれに煮魚などがつく。

学科は九時からはじまる。午前中は朝鮮労働党の歴史が主で、マルクスやレーニンなど、社会主義の基礎理論を学ぶこともあった。テキストに使われたのは全二四巻の『パルチザン回想記』。これは百戦練磨の名将・金日成将軍が、いかに勇猛果敢に日本帝国主義の侵略軍と闘い、これをうち破ったかという武勇伝だったが、その内容の九〇％以上は創作である。朝鮮軍の勇敢な兵士が飛んできた大砲の弾をドスンと腹で受け止めこれを防いだ、などという荒唐無稽の作り話のオンパレードだった。それから金日成首相がいかに優れた慈悲深い指導者であるかを説いた全一五巻か二〇巻の『人民たちのなかで』。これもほとんど創作だが、そうとわかったのは、何十年も後のことだ。これらの書物を「繰り返し、最低一〇〇回読め」と教官は言った。午後は総連の歴史を学ぶほか、狭い運動場に出てバレーボールなど軽い運動をやったりする。

その三カ月間というもの、ほとんど外に出ることはなかった。完全な隔離教育である。一応、日曜日が休みということになっていたのだが、東京見物など夢のまた夢であった。東京に親戚のいる者だけには外出許可が下りたが、それ以外は一歩も外へ出てはいけないことになっていた。

だから休みといっても、ただ部屋のなかでゴロゴロしているだけである。

「何が休みなものか」

我々は息が詰まるような狭い部屋のなかで、口々に不平を言い合ったものだ。

唯一の例外は、銭湯通いであった。

中央学院には風呂の設備がなく、湯だけは外で使うほかなかった。しかし、それも週に二度か三度、曜日はもちろん、午後八時から九時までの一時間と時間まで厳格に定められていた。おなじ班の八人がタオルと石鹼をいれた手桶を抱えて全員で連れだって行く。やはりここでも団体行動ではあったが、教官の眼が光っていないぶん、唯一息の抜ける時間だった。

合宿生活中、飲酒は厳禁であったが、酒好きの静岡は銭湯帰りに酒屋でコップ酒をキュッとやるのを無上の楽しみにしていた。当時の酒屋は店先でコップに酒を注いで飲ませていた。静岡はいつのまにか親父と懇意になっていて、酒屋の前を通るたび「親父、いつものやつ」と声をかける。すると親父は「へい、水ですね」と言って、コップについだ透明な液体を静岡に渡すのだ。静岡はそれを一息であおって、何食わぬ顔で店から出てくる。無論、中身が酒であるのは全員承知のうえだ。

「しょうがねぇなぁ、静岡のやつ。また飲んでやがるぜ」

などと言って、笑いあっていた。

しかし、これが後に大問題に発展するのである。

＊

合宿生活が二カ月目に入ったあたりだった。

部屋のなかで騒いでいると担当教官が入ってきて、車座に座るように全員に言った。そして、

「眼を瞑《つぶ》れ」

と言った。いつにないことだったから、私たちは緊張して、言われたとおりにした。

「近ごろ、生活が乱れているんじゃないか？」

さらに、担当教官は言った。

「昨日は、朝食は八時からと決まっているのに遅れてきた者がいた」

大阪のことだ。

「日曜日に外出して、時間どおりに戻ってこない者がいる」

長崎のことだ。

「党の偉大な歴史を学ぶ貴重な時間に、こともあろうか居眠りしていた者までいたそうじゃないか」

愛知のことだった。

「そんなことで栄誉ある朝鮮労働党の党員が務まるのか。眼を開けろ。そして、この一カ月間の諸君の生活ははたして総連活動家として相応《ふさわ》しいものであったかどうか、全員が一人一人、自己批判せよ！」

こうして「自己批判」がはじまった。

「教官同志は金日成将軍の『パルチザン回想記』を一〇〇回繰り返して読め、と言われましたが、自分はじつはまだ一度も最後まで読み通しておりません」

茨城が言った。

「それはじつに由々しき問題である。一日一巻ずつ読めば二四日間で読み終わるというのに、なぜ読み通さなかった。理由を述べよ」

それを聞いて、教官が厳《いか》めしい顔で言う。

「一冊一冊内容を噛みしめながら精読しようとしますと、とても一日一冊読み終わることができないのです。時々、ここで金日成将軍はこう仰ったが、普通に考えればこれはこういう意味になるけれど、じつはもっと深遠な意味が含まれているのではないか、などとついつい考え込んでしまうのです」

「言い訳はするな！　教官同志が一〇〇回読めと言ったのであるから、内容を把握することより、まず一〇〇回繰り返して読むことが重要なのである。一〇〇回繰り返して読むことで意味はおのずとみえてくる。教官同志はそう言いたかったのだ。それなのにおまえは教官同志の指導に従おうとせず、浅薄な自己の考えを貫こうとしている。教官同志は中央学院創立以来、ここで金日成将軍の教示を教えていらっしゃるベテラン教官である。その大先輩の指導に耳を貸さぬとは何事だ。おまえは自尊心が強すぎる。その尊大な精神を徹底的に自己批判せよ！」

こうして我々は、順繰りに自己批判させられた。これが毎日続くのである。一カ月間の反省などすぐ終わってしまうから、どんどん過去に遡って自己批判してゆくことになる。

しかも、単なる自己批判では終わらない。誰かの自己批判にはほかの誰かがより痛烈な批判を加えなければならない。これを「相互批判」という。この自己批判と相互批判を我々は「総括」と呼んでいた。

「誠に申し訳ありません。いまのいままで隠しておりましたが、じつは私の兄が民団におります」

と、東京が言う。

全員が眼を剝いて東京を睨みつける。

「自分の兄弟もオルグできなくて、なにが革命家か！」

「恥を知れ！」

「金日成将軍に謝れ！」

東京が泣き出すまでこれを続けるのである。

「自分は高校時代、近所の養豚場で飼っていた豚を盗んで売り飛ばしたことがあります」

と、今度は愛知が言う。

「パルチザン時代、金日成将軍は、どれほど飢えに苦しもうとも盗みだけは働いてはならない、と自軍に戒めている。なのにおまえは、この平穏な戦後の日本で暮らしながら、なんてざまだ！」

「おまえのような人間がいるから日本人に見下されるのだ！」

「金日成将軍に謝れ！」

ふたたび、愛知が泣き出すまで全員で罵《のの》り続けるのだ。

「私は合宿生活中、銭湯の帰りに禁止されている酒を飲みました」

静岡が言った。

「おまえが酒屋の親父に水だと言わせて酒を飲んでいたことくらい、みんな知っているぞ！」

「それくらいの自制心もなくて何が革命家か！」

「恥を知れ！」

「金日成将軍に謝れ！」

静岡は日ごろから出しゃばりで生意気なところがあったから、とくに集中的に糾弾された。全員から徹底的につるし上げられて、静岡の肩が震え出すと、今度は教官がこう戒《いまし》める。

「コップの中身を酒だとわかっていながら、どうして同務たちはその場で注意してやらなかった？　最初から注意してやれば静岡同務の飲酒癖は直っていたはずではないか。全員、自己批判せよ！」

「総括」は、たいてい講義の終わった午後五時から夕食までのあいだの時間におこなわれる。それでもきりのつかないときは、食事を挟んで深夜まで及ぶこともある。甚だしいときには、明け方まで侃々諤々《かんかんがくがく》やっていることもあった。しかも、一人の活動家に対して、たいていは一週間くらいぶっ続けでこれをやるのである。こうして、全員のプライバシーを徹底的に暴《あば》き、そのプライドを滅茶苦茶に壊す。やられた人間はしばらく腑抜けのようになっている。これが毎日続くのだから苦痛で苦痛でたまらなかったが、不思議なことにこれをやると、どういうわけか全員の連帯感が強まるのだった。

　六カ月の上級コースになるとこれが半年も続くのであるから、人によっては発狂の寸前までいく。後に妙義山のアジトで学生たちが「総括」の名のもとに次々に仲間を殺した連合赤軍の事件が起きたが、我々総連の活動家はなかで何が起こっていたのか、直ちに理解することができた。「総括」は人間の本能を剝き出しにさせる。人には隠された意外な一面があるものだ。いちばんおとなしかった人間が「総括」になると眼をつり上げてもっとも猛々しく他人を攻撃するというような場面を、我々は何度も経験した。

　このときは最年少だったこともあってか、私はほとんど「総括」の被害に遭わずにすんだが、後に六カ月コースに参加したときには徹底的にやられた。六四年だから、私は二三歳になっていた。朝青栃木県本部の委員長として参加したのだが、民族教育も受けてない（つまり、朝鮮学校に行っていない）上たいした働きもしていないくせに出世が早すぎると批判されたのであった。

　私も向こうっ気が強いほうだから、すぐに反論せずにはいられなかった。

「たしかにおれは民族教育を受けてはいないが、朝鮮語ならおまえらよりよっぽど立派な文章を書けるぞ。発音だっておれのほうがずっと正確だ！」

　それがまた、若輩のくせに生意気だと責め立てられる。やはり私も、最後には泣きながら許しを乞うた。

　こうして、六カ月間が終わったころには完全な思想改造ができ上がり、頭のなかは金日成主義一色になってしまう。つまり、幹部養成機関といえば聞こえがいいが、ようするに中央学院とは総連活動家の洗脳工作機関のことである。そこで学ぶと、他のことは一切見えなくなってしまうのだ。北朝鮮に盲従する総連ロボットの完成である。

最後のころには、朝の四時か五時にはもう起き出して、全員が庭のあちこちで、ブツブツと『回想記』や『人民たちのなかで』を読んでいた。本当に一〇〇回読んで、全巻暗記してしまうつもりであった。しかし、徒労とは、まさしくあのことをいう。あの若い時代に、あれだけの熱意とあれだけの精力を傾けて何かまともな学問にでも打ち込んでいれば、軽く博士号くらいとれたのではないかと、本気でそう思う。しかし、それほどの情熱をかけて我々が学んだのは、北朝鮮の独裁者が自分に都合よくデッチ上げた作り話だったのである。今日の人生に役立っていることなど、ただの一つもない。

## 韓徳銖と金炳植

東京の朝鮮総連青年同盟中央本部への転属が決まったのは、六八年四月のことであった。

朝青中央本部は、千代田区富士見町の朝鮮総連中央本部のなかにあった。中央本部はもともと信濃町にあったのだが火事で焼けてしまい、六〇年に富士見町に移った。朝青中央はその二階を使っていた。敷地は現在とおなじくらい広かったが、地上十階・地下二階の現在のビルは八六年にできたもので、当時の会館は五階建てであった。その前年の一一月に結婚していた私は、船橋にある妻の実家から通勤していた。

結婚は簡単に決まった。

六六年に組織の仲介で見合いし、翌年につつましい結婚式を挙げたのだった。ここでもまた成楽福が登場する。私を青年学校に誘った、あの成青年である。

成は私より数年早く中央本部に転属になり、そのころは財政部で朝鮮総連が運営する電話機工場の責任者のようなことをやっていた。もともとこの工場はある同胞が設立したものだったが、一家で帰国してしまったので朝鮮総連の所有物となった。およそ一〇万人を帰した帰国運動によって、朝鮮総連にはこのような「濡れ手に粟」のような財産がうなるほどあった。帰国者たちはそのほとんどが、所有していた土地や建物を総連に寄付して帰った。そうすれば祖国で応分の資産を保証するという誓約書を、総連が書いたからである。しかし、その約束が簡単に反故《ほご》にされたことは言うまでもない。結果から言えば、朝鮮総連は一〇万人の同胞を地獄に突き落としたうえで、その私財を収奪したということになる。

そんなわけで、成はたいそう羽振りがよかった。会議か何かで私が上京するたび呼び出され、新宿のキャバレーに連れていかれた。そのキャバレーでだったか、どこかの赤ちょうちんでだったかもう忘れたが、「おまえもそろそろ身を固めろ」と成が言った。

私もそろそろ時期だと考えていたので、

「そうしたいのは山々ですが、相手がいません」

と答えた。

「見合いをするか？」

「先輩に任せます」

そんなやりとりの後、成が探してきてくれたのは、千葉県本部で事務をやっていたある同胞の娘だった。朝鮮総連では、組織の活動家が経済的な心配なく仕事に打ち込めるように、優秀な活動家には資産家の娘を娶《めと》らせる。彼女の家はパチンコや不動産などを営む裕福な事業家だった。

私たちは、お茶の水の名曲喫茶で会った。

「この男は栃木県本部のホープでして。中央に取り立てられるのも時間の問題でしょう……」

などと言って成は彼女に私を紹介した。

＊

この当時は朝鮮総連にとって、まさに激動の混乱期であった。

先ごろ亡くなった総連議長の韓徳銖《ハンドクス》と、その従妹婿である金炳植《キムビョンシク》第一副議長が壮絶な権力闘争を繰り広げていた。

韓徳銖は五五年の総連結成以来一貫して議長の座にあったが、初期のころには対抗勢力がないわけではなかった。

戦前の在日朝鮮人運動は、非合法組織であった日本共産党のプロレタリア革命運動とわかちがたく結びついていた。韓徳銖も、もともとは日共党員であったが、彼は信条的には共産主義者であるより民族主義者であった。戦前は、労働総同盟という組織に所属して在日朝鮮人の労働条件改善のために働いていたが、総連が結成されてそのトップに立つや北朝鮮一辺倒の祖国絶対化政策を打ち出した。そして、金日成のやり方を真似て対抗勢力の粛正に乗り出したのである。つまり、北朝鮮一辺倒でない日共寄りやコミンテルン（国際共産主義組織）寄りの批判分子を、次々に炙《あぶ》り出しては排除していったのであった。ある先輩に聞いた話では、当時の総連では「白頭山（北朝鮮でいちばん高い山）を見上げる者だけが生き残る」と言われていたという。その懐刀として縦横無尽に剛腕をふるったのが、金炳植だった。

この男は、旧制二高を卒業して朝鮮総連の政策起案部門である朝鮮問題研究所の所長をしていたくらいだから頭も切れた。五九年に人事部長として登用された金炳植は、その強大な権限を利用して韓徳銖絶対化体制を築き上げていった。これに利用されたのが「総括」である。

「総括」は中央学院だけでおこなわれたわけではない。学習組の構成員は、毎土曜の午前中に思想学習する。午後から「自己批判と相互批判」と称して思想闘争をおこなっていたのだが、金日成にどれだけ忠実であるかを測るはずの「総括」は、やがて反・韓徳銖＝金炳植分子を炙り出すための思想点検の場と化した。金炳植のやり方は冷酷無比であった。韓徳銖路線に批判的とみなした幹部たちを閑職に追いやるなど朝飯前で、とくに反抗的な幹部は祖国訪問団の団長に仕立てて北朝鮮に行かせ帰ってこられなくしてしまう。本国と計らって足止めを食らわせ、オーバーステイで再入国できなくしてしまうのだ。

その後、金炳植は、組織改編にあたって人事部の権力をさらに強化した組織部長（六三年一月）、共産党でいえば書記長にあたる事務総局長（六三年九月）とトントン拍子に出世し、やがて副議長（七一年）となったときには、自分は韓徳銖に次ぐナンバー2であるとして勝手に「第一副議長」を名乗った。権力欲が旺盛で、アクの強い野心家であった。権謀術策に長《た》け、恫喝と懐柔を巧みに使い分けて人心を操作していた。歴史上の人物にたとえるとすれば、文化大革命の最中、クーデターを起こして実権を握ろうとした中国の林彪がいちばん近いかもしれない。日本権力の政界工作にも盛んに取り組んでいた。

こんな人間が自分の采配一つで幹部の首をすげ替えられる絶対的な権力を握ったとき、野望を抱かないはずはない。金炳植は、韓徳銖を雛壇のうえに祭り上げて総連の全権を掌握しようと目《もく》論《ろ》み、さまざまな策謀を巡らせていた。

私が中央本部にあがってきたのは、ちょうどそんな時期だった。

＊

それまで朝鮮新報（機関紙、六一年に朝鮮民報より改称）の写真か、講演会場で遠目にしか見たことのなかった朝鮮総連議長を初めて目の当たりにしたときには、さすがに緊張した。

韓徳銖は毎日、新宿区の落合にある「ソナム（松）御殿」と呼ばれた大邸宅から黒塗りの年代物のベンツで中央本部に乗りつけた。韓徳銖はそのベンツの後部右側、つまり運転手と対角上に座るのを常としていた。そして、助手席と後部左側の自分の隣りに、ボディガードを座らせる。

当時、およそ五〇万人はいた巨大組織のトップに君臨する指導者であるから、その一挙一動はさすがに威風堂々としていた。身体は小さいがその演説は巧みで、聴く者すべてを惹きつけずにはおかなかった。そして、何よりその言葉の端々にあふれるような民族愛がみなぎっていた。私はそんな韓徳銖が好きだった。彼は帰国運動の最大の推進者であり、一〇万の同胞を地獄に突き落とした張本人である。しかし、今日の民族教育の基礎をつくった功労者であり、民族の尊厳を最重視した民族主義者であった。私はそんな韓徳銖に対する尊敬の念をいまだ棄てられないでいる。

私が配属されたのは、その年にできた朝青中央本部の政治部というところだった。その副部長に任命された。二七歳のときである。

朝鮮総連の政治部というのは、対南（対韓国）秘密工作をおこなう専門の部署である。そこで活動する者は、すべて南朝鮮に浸透するための特殊任務を帯びている。そんな難度の高い活動をやる部門だから、それまで青年同盟のなかに政治部というセクションはなかった。朝青政治部が新たに創設されたのは、南朝鮮で民主化の機運が高まり学生運動が盛んになっているのを見た金炳植が、南の学生を取り込むために総連の若者を利用しようと考えたためだった。金炳植は、朝鮮総連の対南非公然活動の総責任者でもあった。

この時期、金炳植は青年同盟に積極的に介入してきた。政治部を新設したほか、文化部傘下にある学生少年指導課に副部長二人を補充し、これを完全に掌握しようとした。なんとなれば、この学生少年指導課は全国の朝鮮学校の指導にあたっており、校内で空手の専門部隊を養成していたからである。卒業生も併せて、その数は当時でおよそ二〇〇〇〜三〇〇〇人いた。これは大袈裟に言えば、朝鮮総連の軍事部門とでもいうべきもので、金炳植はこれをみずからの権力の背景にしようとしたフシがある。その意味でも、紅衛兵を煽動して権力強化を図った林彪に似ている。

朝青中央本部にはおよそ三〇人の人員がいたが、その第一の仕事は下部組織に対する指導であった。地方本部をまわって「総括」をやらせるのである。私は指導員として地方職員たちが互いの思想を批判し合っている様子をじっと観察している。そうして、誰が金炳植の指導体制に不満を持っているかを見極めて上部に報告するのである。金炳植はこのように陰湿なやり方を非常に得意とした。

金炳植は中央本部の五階にいた。五階には大講堂と議長室しかない。金炳植の執務机はその議長室のなかにあった。議長室の一画を衝立《ついたて》で仕切り、自分の個室としていた。議長の信望がいかに厚かったかわかろうというものだ。

六八年のある朝、朝礼が終わって、二階の青年同盟の部屋に戻ろうとすると、金炳植の秘書がするすると近づいてきて「事務総局長がお呼びです」と言う。秘書の後について部屋に入ると、なかにいたのは金炳植一人だった。金が蠅でも追うように手を払うと、秘書はふたたびするすると後じさりして部屋から出ていった。

「ちょっと頼みがある」

と金炳植は言った。嗄《しゃが》れた太い声だった。

「Kを知っているな？」

と、私も面識のある北海道の商工人の名前を挙げた。私がうなずくと、

「札幌まで行って荷物をとってきてほしい」

と、それだけ言って、JALの往復券を渡された。

そして札幌に行って、紫色の風呂敷に包んだ現金を手渡されたのだった。たしか五〇〇〇万円くらい入っていたと記憶している。そのようにして、全国の商工人たちから金炳植個人に上納される寄付金の運び屋をやらされた。

なぜ私が選ばれたのかはわからない。そういう秘密活動は特殊工作部署である政治部にやらせるのが適当と考えたのかもしれない。あるいは集めたカネを対南工作に使っていたのかもしれない。いずれにせよ、それらのカネは、韓徳銖の判断を待たず、金炳植の独自の裁量で使われていたはずである。六八年から七一年にかけて、全国の商工人のあいだをまわって数億のカネを金炳植のもとへ運んだ。私が訪ねた商工人には、北海道のK、福岡のP、東京のK、L、Pなどがいる。パチンコ屋をしているのもいたし、大きな中華料理店を営んでいた者もいた。不動産屋もいた。

＊

さらに、金炳植は空手の有段者たちのなかからとくに思想性の高い者を選抜して、「ふくろう部隊」と後に呼ばれることになる私兵を擁していた。この秘密工作部隊を動かし、尾行、盗聴、テロなどの無法行為を縦横に駆使してさまざまな謀略を巡らせた。終《しま》いには、韓徳銖の自宅に盗聴器を仕掛けるということまでやったものだから、ついには韓徳銖の逆鱗《げきりん》に触れ、失脚する。「七・四声明」を出した七二年の南北赤十字会議の北側代表の一人に選ばれて平壌に赴《おもむ》いたままではよかったが、本国で足止めをくらい二度と戻ってこられなくなったのだった。反革命分子として幽閉されてしまったのである。陰に韓徳銖の意向が強く働いていたことは疑いなかった。

金炳植は九四年、北朝鮮の国家副主席として名誉回復したが、事実上の名誉職であり、二度と政治の表舞台にあらわれることなく、九九年に平壌で死亡したと伝えられる。

## 極秘指令くだる

さて、学習組には裏の特殊任務があると私は言った。

有り体に言ってしまえば、それは南朝鮮に浸透するための各種裏活動をおこなう工作員としての任務である。政治部はとくにそれを専門にやる。

私にまず与えられた任務は、日本と北朝鮮のあいだを極秘に往復する北朝鮮工作船の、日本側における着岸拠点をつくることであった。

北朝鮮の港から出港した工作船が年間に何隻も日本の沿海に来ていることは、現在では一般にも広く知られるようになった。工作船の目的は、第一に、北朝鮮を出国した人間を極秘に日本に入国させることであり、極秘に日本を出国した人間を北朝鮮に運ぶことである。

工作船はその船内に小型の子船を内蔵し、ある程度沿岸に近づくとこれを吐き出す。日本の漁船に偽装した小型船は、海岸数十メートルのところで停泊する。北朝鮮の工作員はその子船からゴムボートか水中スクーターをおろし、日本上陸を果たすという寸法である。着岸地点では、北朝鮮の工作員を出迎える案内役が待っている。工作員と工作員が特殊な目的を持って出会うことを、北朝鮮の工作員用語で「接線」という。着岸拠点とは、すなわち接線ポイントのことであった。

誰がどこで私に眼を着けたのか、いまだにわからない。

大方、金炳植の下で小間使いのようなことをやっているうち、「あいつはなかなか優秀だ」というような報告が本国に送られたのだろう。

朝青中央の政治部長として中央本部で働きだしてからしばらくして、ある人物から接触があった。


その当時、東京の上野にできた朝鮮商工会館というところで、「共和国物産展」というような催しがよく開かれていた。北朝鮮製の刺繡や織物などの軽工業品や、加工食品などが展示されていた。そのような物産展には、売り物になりそうな商品を求めて、全国各地から商売人が集まってくる。展示会はかなり長期にわたっておこなわれていたと思うが、あるとき、その手伝いに行かされた。

来賓を案内する場内係のようなことをやっていたのだが、その私に声をかけてくる者があった。

「韓光熙同志ですか?」

私がうなずくと、

「はじめまして。名古屋の鄭と申します」

と、男は礼儀正しく自己紹介した。

見たところ、三〇代前半だろうか。

「折り入ってお話があります。ちょっと……出ませんか？」

男の眼にひどく真剣な色を見てとった私は「どこへ」とも言わず、促されるまま黙って男の後に従った。

エレベーターに乗ると、鄭は屋上のボタンを押した。

その当時、八階建ての朝鮮商工会館は、その界隈でいちばん高い建物だった。屋上に出ると、東上野の街が一望のもとに見渡せる。

「あなたに本国からの手紙を預かっています」

と、鄭は言い、内ポケットから紙片を取り出した。「本国からの」といえば、すなわち、「党からの」手紙ということだ。

〝韓光熙同志、貴君に特別任務を命ずる〟

紙片には朝鮮語で短くそう書いてあった。

そして、眼の前にいる鄭こそが私のボスであり、以後、すべての行動は鄭の命令に従うように、と。

その当時、朝鮮総連の傘下に北朝鮮とのあいだで貿易をやる五大商社というのがあった。それぞれ、東海商事、朝・日輪出入商社、朝鮮特産物販売、朝鮮産業、朝鮮石材という名称で、すべて対南工作の最高責任者であった金炳植の肝いりでつくられた会社である。

貿易商はビジネスの名目で頻繁に北朝鮮に出入りできるから、本国との連絡役にうってつけである。鄭の兄はその朝鮮石材の専務をやっていて、私に宛てられた手紙も鄭の兄が運んだものらしかった。

この朝鮮石材を一つの頂点として、日本国内で謀略活動をおこなう非公然組織がつくられていた。いまから思えば、もしかしたら、それぞれの商社がそれぞれべつの非公然活動をおこなっていたのかもしれないとも思うが、よくわからない。とにかく、朝鮮石材の鄭の兄を頂点とした五、六人の非公然組織に、私は属することになった。メンバーはもちろん、全員、学習組員で占められている。すでに述べたように、我々の任務は、日本にやってくる北朝鮮工作船の着岸ポイントをつくることである。その司令塔が鄭の兄で、実質的な行動部隊のリーダーが、私に声をかけてきた鄭の弟のほうだった。初期の朝鮮大学校卒業生という触れ込みであった。

＊

眼が覚めたのは、盛岡を少し過ぎたくらいだった。寝台席の小窓を薄く開けると、外に流れていたのは、奥羽山脈の稜線だった。

夜の八時ころ上野を出る夜行列車に乗れば、翌早朝、ちょうどいつも目覚めるくらいの時間に青森駅に着く。当時の特急寝台車は「しらさぎ」とか「はくちょう」とかいう名前がついていたような気がするが、定かでない。東北新幹線などまだなかった時代だったから、それがいちばん早い列車だった。

列車のなかではもちろん寝台席が特等で、当時でも片道切符が一万二、三〇〇〇円はしたと思う。普通席では行商の婆さんらが通路に新聞紙をひろげて寝入っているというのに、まだ二七か八の若造が、ずいぶん贅沢な話である。しかし、そのころは、それが当たり前だと思っていた。現在でもそうだが、特殊工作に携わる非公然活動家への軍資金はいっさいの物惜しみなくふんだんに与えられる。その当時は世間一般が貧しかったぶん、相対的に工作員の活動費は信じがたいほど潤沢だった。

鄭に命じられるまま新規の銀行口座を開設すると、翌月に二〇万か三〇万の最初の軍資金が振り込まれてきた。翌年からは、その平和相互銀行の口座に、毎年春になると年間の予算が振り込まれてくるようになった。出所は、朝鮮石材である。だから、列車の移動は常に、特等か一等しか乗らなかった。

東北本線の終点は青森だが、青森駅で降りる客は少ない。たいていは、そのまま青函連絡船に乗り換えて函館に向かう人々であった。

私は駅の売店で弁当を買い、駅前の商店街が開くのを待つことにした。まず服装を整えることが先決である。

その当時、都会と地方では人々の服装に歴然とした違いがあった。都会人と田舎者はひと眼で見分けがついたものである。しかも、おなじ地方とはいっても、東北なら東北、九州なら九州、といったように、人々の装いが微妙に違う。だから、それぞれの地方で目立たないように行動するためには、その土地の洋品店で服をあつらえることが肝心であった。

シャッターを上げたばかりの店に飛び込んで、私は夏用の半袖ジャンパーや薄手のズボンなどを買い込んだ。それから、今度は津軽線の次の電車が出る時刻まで、喫茶店で時間を潰すことにした。同時に喫茶店のトイレを拝借して手早く着替えをすませるのも忘れなかった。この間、店の者とは極力口を利かないようにする。

津軽線は一時間に一本もないローカル線で、終点に近くなると、そのほとんどは駅員のいない無人駅である。車内にも乗客の姿はほとんどない。初夏の風は肌に心地よく、鬱蒼と茂る林のあいだから時々あらわれる津軽湾の海岸線が眼を楽しませた。組織のほうには、いつものように、風邪をひいたので二週間ほど休みをもらいたいと言った。もちろん、それを真に受ける者などいないが、政治部の人間はそれぞれが独自に秘密任務を抱えているから、お互いに詮索しあわない、という不文律のようなものがある。船橋の妻には、東北に出張があると言って出てきた。むろん、任務のことは家では何も話さない。年の半分くらいは家をあけていたから、「出張が多すぎる」と妻はいつも愚知をこぼしていた。

夏の海は穏やかに波打っていた。これが本当の休暇ならばどんなにか幸せだろうと思うのだが、これから私が向かうのは決して失敗の許されない特殊任務である。

ちょうど正午のあたりであったと思う。

私が降りたのは、終着駅から二つ三つ手前の無人駅だった。ホームに降り立つ客の姿は他になかった。そこからバスに乗って龍飛崎の先端まで行く。

私はといえば、ズック鞄一つの軽装である。鞄のなかには、赤外線フィルムの入ったニコンのカメラと喫茶店のトイレで脱いだ服などが入っていた。

春のうちに下見はすませていたから、すでに土地勘はあった。

バスを降りて、松林のなかの細い道をくだってゆくと、すぐ海岸線だった。

この場所を決めたのは、北朝鮮から船でやってきた人々である。日本の漁船に化けて沿岸に近づいてきた向こうの工作員が、その地方の海岸でいちばん近づきやすい地点を選んで、だいたいこの辺り、と狙いを定めて組み写真を撮る。どのようなルートを通じてかわからないが、その写真が鄭のもとにとどくことになる。すると、私が呼ばれて、鄭の指示を受けることになるのだ。

写真の地形から、それが青森のだいたいどの辺りか、ということをまず判断し、まず、現地を視察にゆくのである。そのときには、付近の灯台の位置、近くを通るバスの時刻表、一番列車が何時に出るか、青森駅までの運賃、近くに交番があるかなど、大まかな必要事項をすべてメモしてくる。途中、海釣りにやってきた釣り人のような顔をして商店で聞き込みすることもある。

「おばちゃん、この辺りは他県からも遊びに来る人はいるんですか?」

とか、

「さっきから見てると車が一台も通らないみたいだけど、時々はトラックなんかも通ったりするのかね?」

とか。

ジュースなどを買って喉を潤しながら、そんなことを訊く。

「お客さん、どこから来なすった?」

逆にそう訊ねられたときには、こんな返事を用意していた。

「出張で青森まで来たんだが、時間が余っちゃってね。ひと足伸ばして、いい釣り場でもないかと探しにきたんだ」

だから、二度目に来たときには、その土地の事情はだいたいのところ頭に入っている。

それで、何をするかといえば、松林のなかに寝そべって、夕方暗くなるまで時間を潰すのである。一応、人目につかない木陰などを見つけてそこに身を潜めるのだが、もともと人影の少ない寂しい場所を選んだのだから、何時間経っても、人っ子ひとり通らない。だいたい、その周辺には民家すらほとんどなかった。そんなわけで、半分うたた寝しながら時の過ぎるのを待っていた。

やおら、半身を起こすのは、夕刻の六時か七時ころだった。

海岸線を歩き回って、工作員が上陸するのにもっとも適した場所を探すのである。

接線ポイントを選ぶにあたっては、以下のような条件がある。

・まず、なにより、岩場が多いところ。これはそのほうが上陸するのに目立たないためである。
・そして、ある程度近くに砂浜があるところ。これは海が時化《しけ》たときなど、不慮の天候の変化で岩場にボートが着岸できない場合を考えてのことである。
・道路に近い場所。また、バス停の近い場所。
・木の多いところ。

など、いずれにしても、上陸に際して人眼につかず、次の行動を起こすのに便利な場所、というのが、接線ポイントたる条件となる。そして、これと見定めた場所については、一〇枚くらい、あらゆる角度から写真に収め、詳細なレポートとともに鄭に提出するのである。

写真を取り終え、荷物をまとめてバス停まで歩こうと国道に出たところで、後ろから跫音《あしおと》がした。

つけられていたのだ。

警察官の跫音は宙を蹴るように質感がないから、人けのないところでは逆にすぐそれとわかる。相手は一人のようでもあるし、二人のようでもある。どうやら通報されたらしい。人っ子ひとりいない寂しい海岸、とタカをくくり過ぎていたようだ。もしかしたら、松林のなかでうたた寝しているところを誰かに見られたのかもしれない。そうすると、午後中、ずっと行動を観察されていたことになるな……。

腋《わき》に冷たい汗が流れた。

免許証も、外国人登録証も、身分を証明するようなものは何一つ身につけていないから、もし尋問されてもうっかり変なことを口走ったりしなければ、朝鮮人だとばれることはないはずだ。もし万が一朝鮮人だということがわかったとしても……。

忙しく頭を働かせながら、私は国道を外れ、ふたたび海岸に降りる松林のなかに足を踏み入れた。

脚力には自信があった。松林のなか、身体を屈《かが》め、頭を低くし、猿の子のように走りに走った。もといた岩場のほうまで走り、これと眼をつけていた窪みのなかに飛び込んだ。そうして、明け方まで、そうしていた……。

＊

一秒の油断が命取りになる。土地によっては、他所者《よそもの》に対して極度に警戒心の強い場所があるからよほど注意しなければならない。この青森がそうだった。東北地方はどこでもそうだが、青森人はとくに見知らぬ他人に対して敏感な人々が多かった。それに島根や鳥取などの山陰地方、そして九州も比較的警戒心が強い。これに較べれば新潟、富山、石川などは人々の気性が大らかで、行動が容易であった。

青森では、この龍飛崎の他に、十三湖の入江近くにもう一つポイントをつくった。

北朝鮮の工作員が上陸する侵入ポイントは、現在、日本国内におそらく一〇〇カ所以上あるものと推測される。そのうち六〇年代の後半から三年か四年かけて私がつくった場所が、北海道から鹿児島まで全部で三八カ所ある。私がつくった場所はまだ一度も発見されていないから、現在でも使用されているはずである。

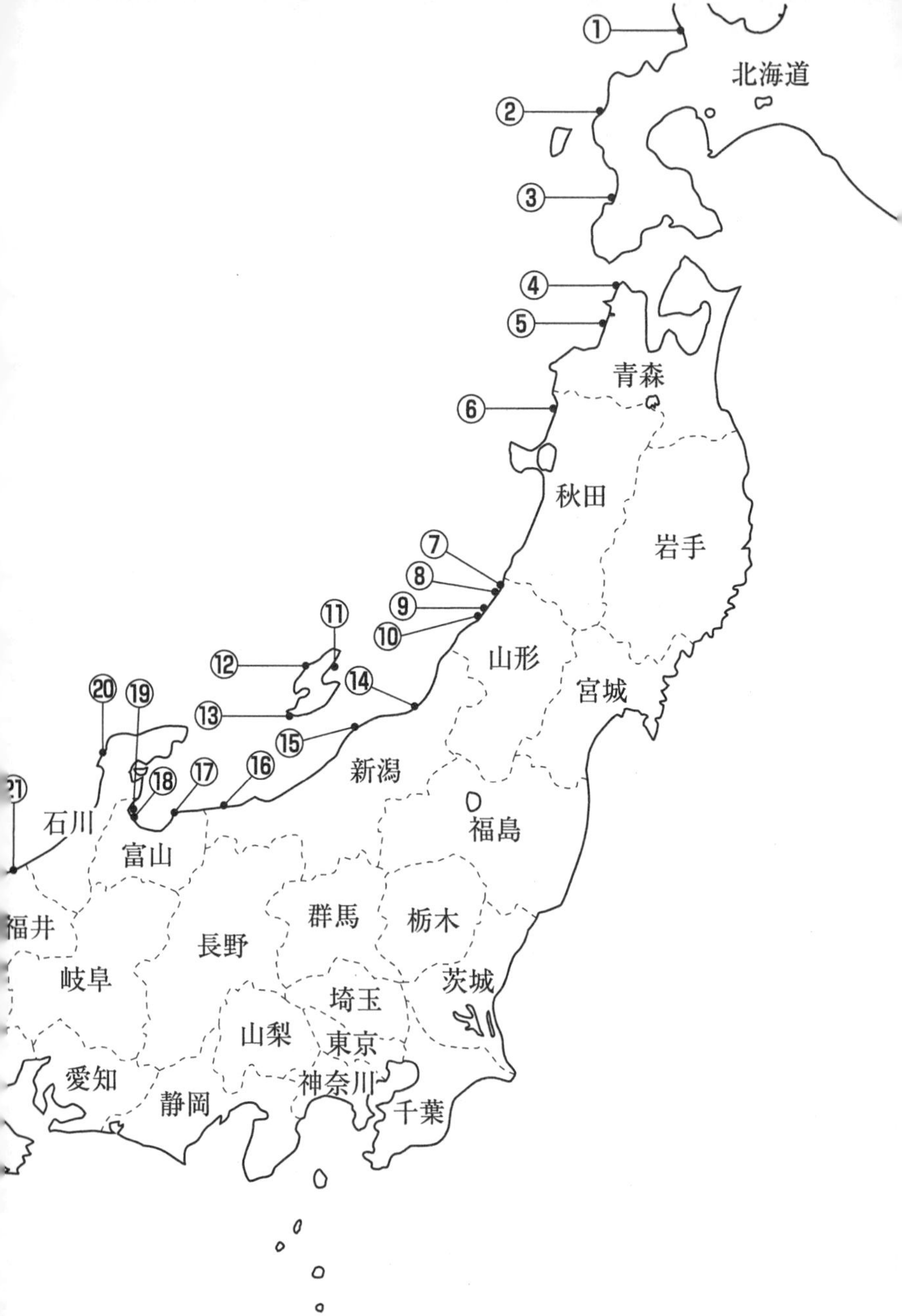

①
②
③
北海道
④
⑤
青森
⑥
秋田
岩手
⑦
⑧
⑨
⑩
⑪
⑫
⑬
⑭
山形
宮城
⑮
⑯
⑰
⑱
⑲
⑳
㉑
新潟
福島
石川
富山
福井
群馬
栃木
長野
岐阜
茨城
埼玉
山梨
東京
愛知
神奈川
静岡
千葉

# 私がつくった北朝鮮工作船着岸ポイント38ヵ所

①北海道古宇《ふるう》郡泊《とまり》村盃
②北海道瀬棚郡瀬棚町最内沢〈蠟燭岩〉
③北海道檜山郡江差町椴川
④青森県東津軽郡三厩《みんまや》村袰内〈龍飛崎屛風岩〉
⑤青森県北津軽郡市浦村十三〈十三湖大橋〉
⑥秋田県山本郡八森町八森〈塩浜温泉〉
⑦山形県飽海《あくみ》郡遊佐町女《め》鹿《が》
⑧山形県飽海郡遊佐《ゆざ》町菅野〈吹浦《ふくら》川河口〉
⑨山形県酒田市酒野辺新田〈赤川河口〉
⑩山形県鶴岡市湯野浜
⑪新潟県両津市黒姫
⑫新潟県相川市藻浦崎
⑬新潟県佐渡郡小木町宿根木〈新谷岬〉
⑭新潟県北蒲原郡紫雲寺町〈加治川河口〉
⑮新潟県西蒲原郡弥彦村野積
⑯新潟県西頸城《くびき》郡青海《おうみ》町親不知《おやしらず》〈鬼ケ鼻〉
⑰富山県下新川郡入善町芦崎〈黒部川河口〉
⑱富山県高岡市太田（雨晴《あまはらし》）〈雨晴海岸〉
⑲富山県氷見市氷見〈新川河口〉
⑳石川県羽咋《はくい》郡富来《とぎ》町前浜
㉑福井県坂井郡芦原《あわら》町城《じょう》
㉒京都府宮津市日置《ひおき》
㉓京都府宮津市岩ケ鼻
㉔兵庫県城崎郡香住町香住〈香住海岸〉
㉕鳥取県鳥取市浜湯山〈鳥取砂丘〉
㉖鳥取県鳥取市伏野〈白兎海岸〉
㉗鳥取県東伯《とうはく》郡羽合町長瀬《なごうせ》〈天神川河口
㉘鳥取県米子市皆生《かいけ》〈日野川河口〉
㉙島根県浜田市下府町
㉚島根県益田市中須町〈益田川河口〉
㉛山口県大津郡〈青梅島鼻繰岩〉
㉜山口県豊浦郡豊浦町宇賀本郷
㉝山口県下関市福江
㉞佐賀県唐津市東唐津〈虹ノ松原付近〉
㉟鹿児島県出水郡野田町深田〈番所ノ鼻
㊱鹿児島県阿久根市佐潟
㊲鹿児島県日置《ひおき》郡吹上町塩屋堀〈吹上浜
㊳鹿児島県肝属《きもつき》郡佐多町〈佐多岬〉

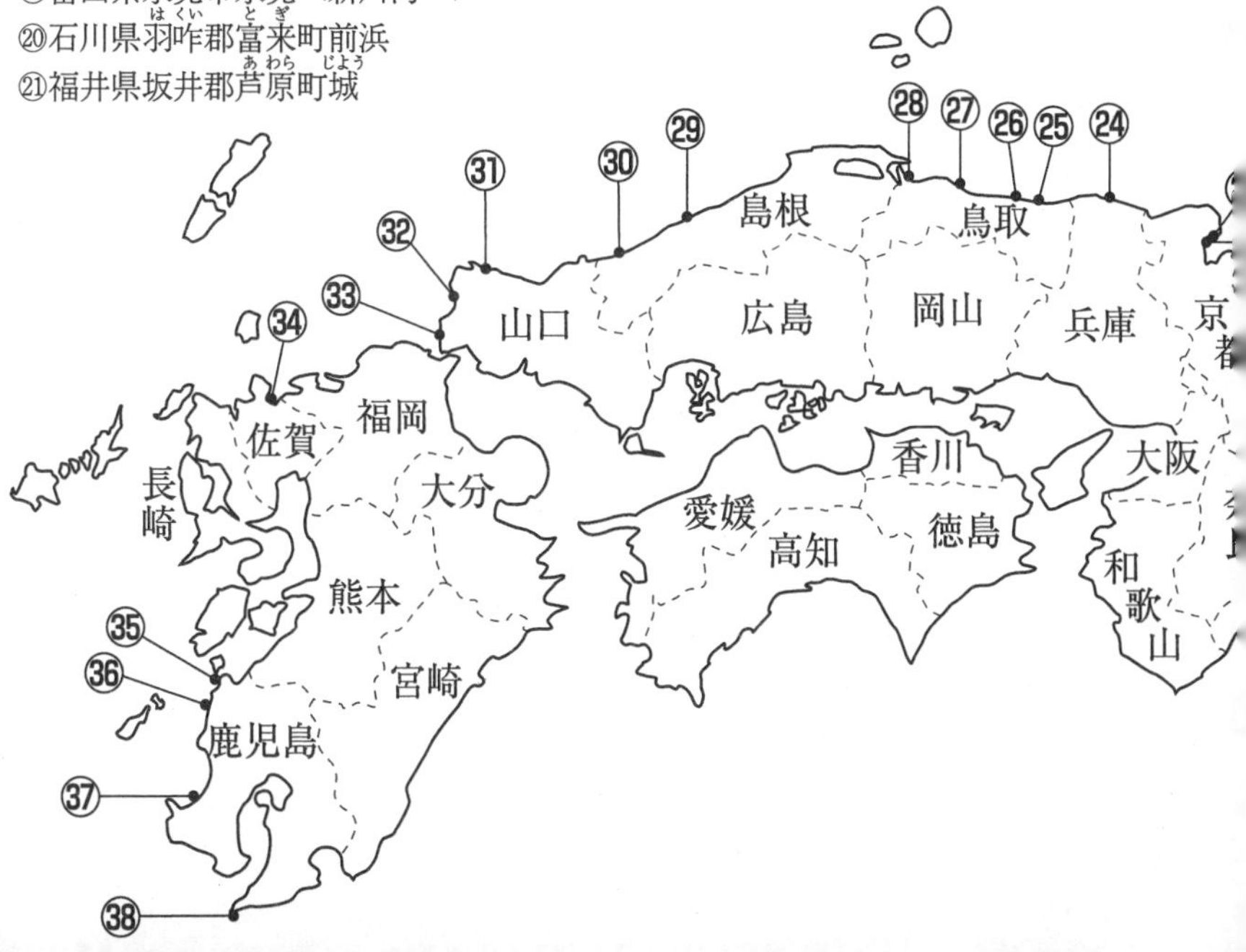

## 送り出しと迎え入れ

夏場は東北から、北陸、近畿、冬になって寒くなると山陰から九州とカメラを抱えて渡り歩き、海岸沿いの岩場を求めて写真を撮りまくった。

そうやってつくった工作員の接線を使って何をやるかといえば、主に北朝鮮に極秘に渡航する人間の送り出しである。

その当時、朝鮮総連では、南朝鮮から日本に留学に来ている学生をさかんにオルグしていた。最初は、朝鮮総連の名前を伏せて若い在日同胞との交流会といったような名目で留学生を集める。若者同士の交流パーティーなどといって男女の同胞たちを使って彼ら留学生を取り込んでゆくのである。女性に釣られて親睦会にやってくる男性は意外なほど多かった。ある程度親睦が深まったところで、日本国内での民族差別や朝鮮半島での民族分断の悲劇を訴え、それを克服するためにどうしたらよいか、というような勉強会を開いてシンパをつくってゆくのである。それらのうちから見込みのありそうな者を選別して、今度は朝鮮総連の活動家が近づき、本格的にオルグすることになる。

しかし、総連活動家がオルグしたからといって、誰も彼もがそう簡単に社会主義に目覚めてしまうわけではない。北朝鮮に送り込めそうなくらい思想的に傾倒するのは、せいぜい一〇人に一人、いや、二〇人に一人くらいのものだろう。そういう人間は密かに北朝鮮に送り込み、優秀な革命家に育て上げるために、さらなる思想教育を施す手はずになっていた。

＊

あれは七〇年代のなかばころだったと思う。南朝鮮の留学生をオルグしてきたから、革命教育をしてやってくれという依頼を受けた。

たしか、慶尚北道かどこかの出身で、東京工業大学の大学院生だったと記憶している。すでに日本に来て四年になるとかで、日本語は我々と遜色がないほど達者だった。

二月か三月のひどく寒い日、我々は東京駅のそばの喫茶店で初対面した。彼は、彼をオルグした総連中央の幹部職員に伴われていた。

齢のころは四四、五だろう。ひと眼見て、いかにもひっかかりそうなタイプだ、と私は思った。韓国の大手企業から派遣された技術留学生だった。そんな齢で留学するくらいだから何か特別な目的を持って真剣に技能を究めようとやってきたに違いないが、異国の地での学究生活では、ときに容赦ない孤独に襲われることがある。彼のように学生らしくない学生であれば、寂しさを紛らわす仲間も容易につくれないのに違いあるまい。身の丈は一六五センチくらい。髪には少し白いものが混じり、小太りの身体をチャコールグレイのセーターに包んでいる。ひどく生真面目そうな顔つきで、女遊びなど以《もっ》ての外だったのに違いない。おそらく、そんな孤独な境遇につけ込まれてオルグされたのだろうと推測された。

会ったその日に、私はその男を新潟に連れていった。そして翌日、佐渡島から工作船に乗せたのである。

喫茶店で落ち合ったのが午後四時ころだったと思う。それから一緒に食事をして、これから数カ月間、北朝鮮で研修を受けることがどんなに稀少で幸運な体験かということを、嫌というほど力説した。

ひどく気弱な男で、「本当に帰ってこられるのか」と、私に何度もしつこいほど訊ねる。終《しま》いには煩わしくなってきたが、ここで腹を立てるわけにはいかない。終始顔に微笑を浮かべ、男の不安を和《やわ》らげてやることに専念した。

新潟行きの電車には、六時になる前に乗り込まなければならない。

男が考え込んでしまわないように、四六時中話しかけ、「普通はだいたい三、四カ月で帰ってくる」とか「もどったらお互い革命の戦士として力をあわせて頑張りましょう」などと言う。

新潟で一泊して、翌日の午後、佐渡島に向かう。新潟港から出ている佐渡汽船のフェリーに乗り込むのである。

接線ポイントの側までバスに乗り、やはり、夕方暗くなるまで松林などに身を潜めている。午後六時になると暗号放送を聞くためにラジオの周波数を合わせる。平壌からの指令は、事前の打ち合わせには乱数放送が使用されるが、このような場合はもっと簡単な暗号情報が流れてくる。たとえば、

「平壌第一小学校の運動会は雨で中止となり、一カ月延期されました」

と言えば、

「天候不順で船が運航できないので、接線は一カ月延期する」

という意味になる。

北朝鮮の工作員が上陸してくるのは、たいてい、午後の九時か一〇時ころだった。

まっくろなゴムの潜水服を着て、彼らは岩場をよじ登ってくる。

そして、足元に落ちている小石を拾い上げ、カチカチ、と定められている暗号の回数だけ鳴らす。それを合図にこちらも近づいていって双方の姿を確認し合うのだった。

ものの一〇分もすると、岩場に残っているのは、私一人となる。男はすでに潜水服の工作員に連れられ、岩場の下に繋がれたゴムボートに乗せられていた。

＊

そのようにして、七〇年代の数年間、私は何人もの人間を非合法に北朝鮮に送り込み、逆に密入国してくる人間の手引きをした。

私が送り出した人間のなかには、南朝鮮で統一革命党の幹部をやっていた人間もいるし、後に南朝鮮の空軍で幹部になった人間もいる。

むろん、この間、私もこの方法で何度も出入国を繰り返し、党の幹部から特別教育を施されている。私を個人教育したのは、朝鮮労働党の特殊工作機関である3号庁舎担当の党副部長であった。

## 「『細胞』をつくれ」

青年同盟政治部副部長として私に与えられたもう一つの仕事が、下級の活動家の育成であった。朝鮮学校の学生を教育するのは総連本体のほうが徹底的にやっていたから、おまえは日本の学校に通っている同胞の若者のなかから優秀な人材を発掘して若い活動家を養成せよ、と命じられた。

総連の各地方本部には「学生会」という組織がある。朝鮮学校の学費が払えないなど、さまざまな理由で日本の公立学校に通っている同胞子弟たちを集めて、若い同胞たちに交流の場を与えてやるための組織だ。この学生会の少年・少女たちを集めて、年に二回、全国規模の講習会を開くことにした。組織部や宣伝部の人間にも手伝わせたが、中心になったのは私だ。全国から四〇～五〇人ほど集まった学生たちを、八王子にある朝信協学院(全国の朝銀信用組合の研修機関)、藤沢市にあった遊行寺という寺、名前は忘れたが四国の高松にあった寺などを借りて一週間ほど合宿生活させたのである。費用はすべてそれぞれの地方本部が負担するから、学生たちはよろこんでやってきた。そこで朝鮮語の講義のほか、抗日パルチザン闘争史などを教える。例によって教材は『パルチザン回想記』のほか、おびただしい種類の映画だった。そして講義の後、「総括」とまではいかないが簡単な討論会のようなことをやらせる。そこで優秀な生徒を選抜して、これと狙いをつけた学生を集中的にオルグすることにした。

私がまず眼をつけたのは、大阪から来た尹《ユン》(仮名)という名の少年だった。府で一、二を争う名門高校に通っていて、学業も優秀だった。スラッと背の高い、眼鏡をかけた少年で、親はたしか町工場の工員か何かをやっていたと記憶しているが、定かでない。ただ、あまり裕福な家庭の子でなかったことだけは、たしかだ。

尹は朝信協学院で開かれた第一回目の講習会に参加してきた。討論会での発言で、その論理立った話しぶりに感心した私は、さっそく彼を別室に呼び出しマンツーマンで生活相談のようなことをはじめた。

中央本部の活動家と一対一で向かい合うのがはじめての尹は、カチカチに緊張していた。

「どうだい、現在の高校生活に満足しているかい？」

と、私が訊くと、

「いえ。自分は満足していません」

と、尹は答えた。

「なぜだね？」

「矛盾を感じるからです」

「どんな矛盾を感じているんだね？」

「自分は朝鮮人でありながら、身分を隠すように日本名で通学し、日本語の授業を受けています。自分は朝鮮の文化に人一倍愛着を持っているし、朝鮮民族の一員であることを誇りに思っているつもりです。それなのに、どういうわけか、周囲に自分が朝鮮人であることを知られるのが怖いのです」

「なぜ怖いと思うのかね？」

「差別されるのが怖いのです」

「それは君の気持ちの持ち方の問題だとは思わないかね？　周囲がどう思おうと、本当に朝鮮人として誇りを持ち、堂々と朝鮮人として振る舞えば、誹謗や中傷など耳に入らないはずだ」

「自分もそう考えようとしました。しかし、現在の日本の社会には、たとえば就職差別など、本人の心の持ち方だけではどうにもならない差別が歴然としてあります。堂々と振る舞おうとすると生きづらく、要領よく生きようとすると本当のことを隠さなければならないこの世の中に、自分はたまらない矛盾を感じているのであります……」

訥々《とつとつ》とした喋り方であったが、それまでたまっていたものを吐き出すように、尹の口から言葉があふれた。

（こいつは見込みがありそうだ……）

堰を切ったように話しはじめた尹の表情をこっそりと探りながら私は考えていた。

オルグの対象としては、こういう生真面目で思い詰めやすいタイプの若者がいちばん与《くみ》し易い。この種の若者は、たいてい一人で悩みを抱え込み、常に胸にわだかまりを持ちながら、それを吐き出す場所をなかなか見つけられないでいる。尹が大阪出身というのも気に入った。在日の数が多いせいもあって関西地方は他の地域に較べて差別がきつい。だから関西の在日は、自然と日本社会及び日本人に対する敵愾心《てきがいしん》を抱きやすい傾向にある。そういう土壌で育った人間をひとたび民族性に目覚めさせてやると、乾いた土が水を吸収するように民族主義のエキスを吸い取ってゆくことを、私はこれまでの経験から学んでいた。

「君の言っていることは一〇〇％正しい」

バン、と机を叩き、語気を強めて私は言った。

「現在君が抱えている矛盾は、たしかに君一人の力ではどうにもならないものだ。君はこの社会を変えたいと思っている。その気持ちはこのうえなく気高く激しいものであることが、いまの話でよくわかった。しかし、いま君が言ったように、どんなに激しく念じようとも、一人の力ではどうにもならないことが、この世の中には歴然とある。だから、我々は民族の力でそれをやろうとしている。民族の力で革命を起こすんだ」

尹の顔がみるみる上気していく様子が、手に取るようにわかった。

「今度の講習会は四国でやろうと思っている。次もかならず参加しろよ」

私がそう言うと、

「はいっ！」

と、尹は挑むような声で返事した。

その後、高松、藤沢と開かれた学生会の講習会に、尹は欠かさず参加してきた。

私と尹の関係は、講師と講習生の域を遥かに越え、そのころには師と弟子といったほうが近かった。次第に尹は朝鮮総連の地下活動家、すなわち、工作員としての自分の役割を、はっきりと意識しはじめたようだった。

講習会で顔を合わせるたび、尹に心変わりがないかを見極めようと意志確認をおこなった。

「金日成将軍に命を捧げることができるか?」

「革命のために自分の身内を犠牲にすることも厭《いと》わないか?」

そのたびに尹は、「はいっ!」「はいっ!」と決意をみなぎらせ、力強く答えるのだった。

五回目か六回目にふたたび八王子の朝信協学院で開かれた講習会のとき、私は尹に最初の任務を与えた。

「学費は出してやるからソウル大学に留学しろ。そして韓国の学生をオルグして細胞(=フラクション=準党員組織)をつくれ。おまえならできる」

難関のソウル大学政経学部への留学も、大阪の有名高校でトップクラスの成績をとっていた尹にはわけのないことだった。こうして尹は意気揚々とソウルに留学していった。七一年のことであった。

*

真夏の日本海はぎらつく太陽の光を反射しながら、穏やかに波打っていた。

空はこれ以上ないほど青く、水平線に接してどっしりと重量感のある巨大な入道雲が、さっきから微動だにせず腰を据えている。

京都の若狭湾だった。

たしか、七二年か七三年だったはずである。そのころ、私は朝青政治部から外され、上野にある在日本朝鮮人東京都商工会というところに異動になっていた。しかし、政治部の任務から解かれたということではない。むしろ、政治部所属の対南工作要員として身動きを軽くするため、つまり日本の公安当局や韓国情報当局の眼を誤魔化すための、一種のカムフラージュだった。表向きの肩書きは東京都商工会の宣伝部長だが、実際の主な任務はこれまで同様、さまざまな裏活動に従事することであった。その日も私は、商工会の仕事を休んで関西に来ていた。

まず大阪に行き、夏休みで実家に帰省していた尹を、海に行こうと言って連れ出した。

韓国入りしてすでに三カ月が経過していたが、尹のソウル大での活動の成果ははかばかしくないようであった。「オルグに成功したら、一人一人の経歴書をつくって私宛に送れ」そう指示してあったが、時々泣き言のようなことを言ってくるだけで、まともな報告はほとんど届いていなかった。どうやら自信喪失に陥っているらしい尹を励まし、助言を与えてやるつもりでいた。むろん、海水浴が目的なのではない。

舞鶴線から支線に乗り換えて、どこかの駅で降りたと思う。行楽客で賑わう海水浴場を横目に、尹と二人、砂浜のない寂しい松林のほうへ向かって歩いた。歩きながら、

「もうソウルの生活には慣れたか」

などと私が訊き、

「ええ。最初は戸惑うことも多かったけれども、もうだいぶ慣れました。時々、日本のラーメンが恋しくて堪らなくなるけど……」

などと尹が答えた。

ようするに、人影がなくなるまで、他愛ない会話をしてやり過ごしたのである。

松林に入り、周囲から完全に遮断されると、我々はいよいよ本題に入った。

「どうだ、例のほうは順調に進んでいるか?」

「残念ながら、とても順調とは言えません」

「問題は何か?」

「南朝鮮の反共教育は想像以上に徹底したものでありまして、学生たちは非常に警戒心が強いのです。オルグしようとしても私が朝鮮総連の人間だということがすこしでもわかると、途端に身を引いてしまいます」

「しかし、新聞報道によれば、南の大学生たちのあいだでは、目下ベトナム反戦と朴正熙政権打倒を叫んで民主化運動の機運が高まっているというではないか」

「学生たちが反対しているのは、あくまでも軍事面での対米依存と朴正熙の強権政治でありまして、すくなくとも現在、彼らが求めているのは社会主義ではありません」

「どうしておまえはそうやって単純素朴な考え方しかできないのだ。最初からいきなり社会主義を持ち出すから相手に警戒心を与えてしまうのではないか。南朝鮮社会に矛盾があることは確実なのだから、まず、その矛盾を衝け。そして、この矛盾を解決するにはどうしたらよいのだろう、と言って相手といっしょになって考えてやるんだ。そうしているうち、相手はだんだんとおまえに心を開くようになる。そうやって、まず仲間を殖やすことだ……」

尹は納得したような、していないような表情で、黙って私の言葉に耳を傾けていた。

そうやって歩いているうち、波が打ち寄せる岩場まで来た。

「ちょっと泳ごう」

と、私は言った。

「えっ？　私は水着を持ってきておりませんが」

海水浴に行こうと誘ったが、本当に海に入るとは思っていなかったらしく、尹は戸惑っていた。

「なに、構うものか。下着のまま入れ」

そう言って私はズボンを下ろし、海に飛び込んだ。尹も慌てて服を剝ぎ取って私に続いた。

私はしばらく無言で泳いで沖に出た。尹も黙って後についてきた。

そうして十分、岸から離れると、立ち泳ぎのまま振り返って、すこし離れた松林を指さした。

「あそこの、大きな岩が重なって、入江のようになっているところ……。あれが接線ポイントだ」

「接線ポイント？」

「おまえも、いずれは共和国に行って、一人前の活動家となるための教育を受けなければならない。そのときには、出入国記録を残さないよう、極秘に出国し、極秘に戻って来なければならない。だから、共和国へは、党が用意してくれた秘密の船に乗ってゆく。党の同志が迎えに来てくれるから、おまえは黙って後についてゆけばよい。党の同志とおまえが出会う場所、それが接線ポイントだ」

尹を海岸に連れ出したのは、その場所を憶えさせるのが目的であった。

尹も立ち泳ぎのまま、しばらく食い入るようにその岩陰を見つめていた。

対岸からの遠目には、泳ぎの達者な青年が二人、砂浜での水遊びに満足できずに遥か遠くの沖に出て、みずからの泳力を試しているように映ったことだろう。まさか、北朝鮮の工作員が極秘の打ち合わせをしているのだなどとは、想像だにできなかったに違いない。

＊

私の指導で自信を取り戻した尹は、卒業するまでに三人か四人の細胞をソウル大につくった。これがいかに難事業であったかは、同時期に若い活動家を留学させた延世大学、高麗大学、梨花女子大などでは、相当の資金をつぎ込んだにも拘わらず、結局一つの細胞もつくることができなかったと言えばわかるだろう。

## 韓国国会議員送り込み工作

尹の報告で、南朝鮮の反共教育は日本にいては想像できないほど厳しいものであることがわかった。南では、マルクスを読むことすら刑罰の対象となるという。

ならば、南朝鮮に社会主義思想を広めるために何をしたらよいか……。

私は知恵を巡らせた。

私が思いついたのは二つの方法であった。一つは、マルクス、レーニン、エンゲルスなどの社会主義思想を刷り込んだ小冊子を、ソウル市内の本屋や図書館の棚にならんでいる書籍のあいだに挟み込む方法である。それも、政治、経済、法律といった社会科学の専門書や哲学書などのあいだに挟むように指示した。その種の専門書を読むインテリなら、マルクス主義にも興味を持つだろうと考えたからだった。小冊子の最後のページには、発行所として総連が秘密の会合などに使っている箱根の連絡所の住所を記載しておいた。そして、「この冊子を読んでご興味を持たれた方は、日本に来られたときに右記の住所を訪ねてください」と書き添えるのを忘れなかった。もちろん、総連の名前は書かず、「日本社会問題研究所」とか、そんな名称を使った。

もう一つは、マルクス主義のプロパガンダを刷ったチラシをビルの屋上からバラ撒く方法である。周辺でいちばん高いビルに忍び込んで屋上にあがり、風に飛ばされやすいような位置にチラシの束を置いてくるよう、尹に指示した。チラシの束の上には、すこしくらいの風では飛ばないような、しかし突風が来れば吹き飛ばされてしまうといった程度の重石を置いておくように命じた。チラシは鞄に詰めて尹に手で持たせ、冊子のほうは後から船便で送ることにした。一種類につき五〇〇〜六〇〇冊、全部で三〇〇〇冊近い量だったから、とても手荷物で運ぶのは不可能だったからだ。

ソウルに戻った尹は、私が指示したとおりに任務を遂行したようだった。真面目な男だったから、ソウル市内の本屋という本屋をまわって、一冊一冊丁寧に棚の本のなかに挟んでいったらしい。

やがて成果があらわれた。

箱根の連絡所で住み込みの賄い婦をやらせている同胞の女性から上野の商工会事務所にいた私

のところに電話があって、ソウルから学生さんが訪ねてきているという。

「二、三日したら私も行くから、それまで××ホテルに泊まって、うまいものでも食べてください、と伝えてくれ」

私はそう言った。

連絡所は彫刻の森美術館のそばにある。××ホテルというのは、その付近でいちばん立派な温泉宿で、大きな会社の社員旅行などによく使われていた。連絡所にも宿泊施設はついていたが、あえて××ホテルを指定したのは、万が一のことを考えて、〝箱根には二泊三日で温泉に浸かりにいった〟というアリバイを彼に残させるためである。アリバイと証拠――総連、すなわち北朝鮮の工作員はとくにこの二点に気を遣う。南朝鮮に帰って、もし彼の身に何か不都合が起こったとする。「日本に何をしに行った?」と尋問されたとき、「温泉地に遊びに行きました」とホテルの領収書を見せて開き直れるよう、あらかじめ準備してやるのである。

しかし、高級旅館の大きな部屋に一人でいるのは退屈であったらしく、その青年は昼間は連絡所に来て、読書に精を出していたようだった。連絡所には、マルクス、レーニンや『パルチザン回想記』がならぶ〝社会主義の本棚〟があって、総連の蔵書がずらりと揃っていた。

夕刻、私が到着したとき、その青年は朝鮮語訳の『資本論』を読みふけっていた。齢は私より四つか五つ下だろうか。二八、九くらいに見えた。色白の、見るからにインテリ風の青年だった。

「はじめまして。林《イム》(仮名)と申します」

と、すこしばかり、はにかんだように彼は自己紹介した。

私も名乗り、彼に用件を訊ねた。

ソウルの本屋で偶然に冊子を見つけ、末尾の住所を頼りにこの場所を探したのだという。

「それは、ご苦労なことです。社会主義にご興味がおありだということですが、これまでどんなものをお読みですか？」

私はなるたけ穏やかな表情をつくって言った。

「マルクスとレーニン。主にマルクスです。ご存知のように我々の国では社会主義の理論書は御法度ですから、地下でしか手に入りませんが」

「なぜあなたはマルクスを読むのですか？」

「私は政治に興味があります。将来は政治家になって祖国のあり方を変えてみたいと思っております。私は我々の国から不正と不平等をなくしたいのです。そのためにもっとも現実的な政治理論はマルクスによる社会主義理論であると考えます……」

実直そうな話しぶりであった。

「あなたのお考えはまことに正しく、物事の核心をついておられます。ただし、マルクスの社会主義理論は、あくまでも西欧の歴史的・社会的現実に基づいたものであって、かならずしもアジア世界にそのまま応用できるものとは言えません。マルクスの理論をアジア的な世界において、ことに朝鮮世界においてどう適応させれば歴史的・社会的・文化的条件を満たすのか、それを一生懸命研究なさっておられるのが、朝鮮民主主義人民共和国の金日成首相であります。ですから、私はあなたにマルクスを読むのとおなじ情熱を傾けて金日成首相の著作を読むことをお勧めします」

最初はそんな話をしていた。

その日から、朝昼晩と三食ともにし、すこし歩いたところにある露天の温泉に一緒に浸かったりして、我々は数日をそこで過ごした。私たちは急速に親しくなっていった。我々は共通の志を持つものだった。

二日目か、三日目の夕刻、連絡所に戻るとすでに賄いの女は帰っていた。ここではじめて私は、自分が朝鮮総連の人間であることを明かした。林はさほど驚いた様子もなく、

「このまえからのお話で、おそらくそうではないかと思っておりました」

と言った。

ソウルでは反政府デモにも度々参加していたということだから、林が南朝鮮の現実に不満を持っていることは確実だった。言葉の端々に社会主義への強いあこがれが見え隠れしていたから、心情的には北朝鮮シンパと言ってよかろう。そういうことなら話は早い。後は一気呵成に思想闘争に持ち込めばよい。「南朝鮮の学生は警戒心が強くてなかなかオルグできない」と尹は言っていたが、この男のようにすでに社会主義へのシンパシーを抱いている人間であれば洗脳は容易なはずであった。

私はまず、林に自分の生い立ちを語らせ、これまで彼が生きていた人生がいかに平坦で苦労を知らないものであるかを嫌というほど思い知らせた。南朝鮮では植民地時代に日本の手先となって仕えた人間が、現在政治家となって国を動かしている。

その為政者たちをぬくぬくと生きながらえさせているおまえら南朝鮮の学生は、すべからく人間のクズだ――のっけから、そんなどぎついことを言う。

するると、彼にも自尊心があるから当然反発してくる。

「我々はクズではありません。現実に、これまで何度も政府に反対して命懸けの抗議デモを繰り返してきました」

その言葉尻をとらえて、彼のプライドを徹底的に叩きつぶすのである。

「デモなんかで現実が変わるものか！　おまえらのやったデモが一つでも現実を変えることができたのか？　できたと言うなら、具体的に答えてみろ！」

彼がぐっと詰まったところで、たたみかけるのだ。

「そらみろ、答えられないではないか！　デモなんぞで現実が変わるものか！　現実を変えることができるのは革命と戦争だけだ！　命を賭して革命する気もないくせに、何が社会主義だ！　そんな甘っちょろいデモで現実を変えられるなどと思っているから、いつまでも日帝の狗《いぬ》どもの支配から逃れられないのだ！　おまえら南朝鮮の学生は本当に人間のクズだ！　いや、クズ以下だ！」

すでに夜も更けて、周囲には民家など一軒もないから、思う存分声を張り上げることができた。こちらはこの手の訓練をすでに一〇年以上積んでいる「総括」のプロだから、素人相手の論戦に負けるわけがない。思想闘争に慣れていない南朝鮮の学生など赤子同然だった。

しかし、それでも林は、涙声を振り絞って必死の反抗を試みた。

「自分は説教を聞きにわざわざこんな山のなかまで来たのではありません。せっかく遠方から訪ねてきた客人に対して、その態度はないでしょう」

「泣き言を言うな！　貴様、何様のつもりだ！　だったら、いますぐ荷物をまとめて帰れ！　その代わり、おまえが帰った後、南朝鮮の大使館に通報してやるからな！　朝鮮総連の人間と接触したことが発覚したら、国に帰ってどんな目に遭うか、まさかおまえとて知らないわけではあるまい！」

次第に相手は、言葉も出なくなって震え出す。

「これくらいで何を震えているのだ！　そんなことだから、高い理想を何ひとつ実現できないのだ！　革命とはそんな生やさしいものではない！　革命とは激烈な闘争だ！　いや、戦争そのものだ！　いったい何しに日本に来たのだ！　ただの物見遊山か！」

なおも執拗に責め立てると、林は口をパクパクさせながら、泣いて私の前にひれ伏した。

これをほとんど夜を徹してやるのである。刑事の取り調べとおなじだった。最後には、相手は発狂寸前までいく。しばらく、絶叫したり、物を投げたりして暴れ回るが、いったんそれが治まるとおとなしくなる。それまでの大騒ぎが嘘のように素直で従順になるのだ。後は、私の手の平に載ったのとおなじことだった。その後は一日中、北朝鮮のプロパガンダ映画を観させたり、『回想記』を読ませたりした。

南朝鮮の国会議員になりたいという林の野心を利用しない手はなかった。箱根の山から下りるとき、私は総連中央本部に用意させた三〇〇万か四〇〇万円の現金を詰めた鞄を持たせた。

「選挙資金だ。これで足りなかったら、いつでも連絡してくれ。すぐに用意させる。ただし、このカネを持っていくということは……」

と、私は凄みを利かせて言った。

「わかっているな？　おまえの命はおれが預かっているということだ」

林は無言でうなずいた。

＊

ソウルに帰った林は与党第一党から選挙に立ち、見事に当選した。私が用意した選挙資金が役立ったのは間違いなかった。彼はその後二期ほど国会議員を務め、我々のためにずいぶんと便宜を図ってくれた。南朝鮮の革命組織である統一革命党に対する弾圧に反対させたり、南に浸透して逮捕された総連の学生スパイを密かに釈放させたりという具合だった。

そんな行動が選挙民の不審をかったのか、林はそのうち落選してしまった。現在はソウルで、どこかの会社の役員をやっていると聞く。

# 第三章 「南朝鮮の悪辣な陰謀に抗議せよ!」

南北のカベは厚かった
ハン兄妹、会えず
ホテルの間 一キロに冷たい政治

コザ市長、市議ら集団離党

札幌プレ・オリンピックに出場した北朝鮮の女子スピードスケートの韓弼花選手には韓国に兄がいた（毎日新聞1971年2月20日付夕刊）

## 会えなかった兄妹

総連は正式名称を、在日本朝鮮人総連合会という。

その組織・機構は、東京の中央本部の下に各都道府県本部があり、その下に支部・分会がある。また傘下団体として、商工連合会、青年同盟、女性同盟など十いくつかの全国組織があり、それぞれがその配下に地方組織を持っている。そして、新聞社から歌劇団、貿易会社、パチンコ店まで、さまざまな事業体を経営してもいる。さらに、全国各地に一〇〇校近くあった朝鮮学校、一五〇以上の支店のあった朝銀信用組合も、すべて総連の下部団体だ。総連とは、これらすべての機関を含んだ連合体、すなわち総連合会なのである。

三年に一度、総連傘下のすべての団体の代表が一堂に会して開かれる全体大会は、朝鮮総連のもっとも重要な意志決定機関とされる。七一年の第九回全体大会から七四年の第一〇回全体大会までのあいだは何かと事件が多かった。

まず、七一年の一月末(二九日から三〇日)、神田の共立講堂で朝鮮総連第九回全体大会が開かれた。全国から三千数百人が集まっていたはずである。

壇上には各級各団体の幹部ら三〇人ほどが上がった。会議は、議長の韓徳銖によるこの三年間の総括と今後の方針発表にはじまり、会計監査報告、各機関による事業報告と続いたのだが、この大会の二日目、冬季プレオリンピック札幌大会に参加する北朝鮮の選手団、監督・コーチを含む約一五〇人が共立講堂に到着し、万雷の拍手をもって出迎えられたのである。男性選手は紺の背広、女子選手はやはり紺のチマチョゴリ姿で、朝鮮民主主義人民共和国の小旗を振りながら入場した。

こんなに多くの人間が祖国からやってきたのは朝鮮総連はじまって以来のことであったから、選手団は熱烈な歓迎を受けた。選手たちの日本滞在は、当時の朝青副委員長・梁相烈《リャンサンヨル》が一手に仕切ることになっていた。この梁の指揮のもと、およそ一カ月の滞在期間中、北朝鮮選手団は朝から晩まで、至れり尽くせりの手厚いもてなしを受けることになったのである。総連からは約三〇人の同行団が派遣されることになり、私もその一人に選ばれた。あとは、空手の有段者で構成される青年同盟所属の屈強な警護団が二十数人態勢でつき、京都在住の著名な在日朝鮮人医師とその部下の看護婦も同行した。

その日のうちに全日空機で札幌に移動した選手団のために、朝鮮総連は市内の中島公園の側にあるパークホテルの一棟を、約一カ月にわたって全館借り切った。当然のことながら莫大な費用がかかったが、カネはいくらでも集まった。道内に住む金持ちの商工人たちを筆頭に、遠くは九州の同胞までもが競ってパークホテル内の梁の部屋を訪れ、二〇〇〇万、三〇〇〇万と置いていったからである。

選手たちも贅沢三昧であった。豪華なホテルに一人一部屋を割り当てられ、万全の体調で試合に臨めるようにと、特別の料理班が設けられた。総連道本部には、北海道各地から料理自慢が集まってきた。そのなかには、南朝鮮で宮廷料理の修業を積んだ料理人もいた。この男の指揮で、選手全員に一羽ずつ、朝鮮のスタミナ料理といわれる特製の参鶏湯《サムゲタン》をつくろうということになった。

参鶏湯は、丸のまま羽を毟《むし》った若鶏の内臓をくりぬき、なかに朝鮮人参、餅米、栗、松の実、蜂蜜などを詰めた後、壺のなかに張ったスープで茹であげる料理だ。近ごろでは、缶詰ものまで出回っているが、これは二日か三日かけて一つ一つ壺のなかで鶏を茹でる本格的なものであった。しかも、人参ひとつとっても、六年ものの最高級品を使うのである。それを一〇〇人以上の選手たち全員分つくるのだから容易な作業ではない。高さ三〇センチくらいの壺を、翌日に競技のある選手のために、毎日のようにホテルまで車で運んでいた。私も味見させてもらったが、このとき食べた参鶏湯の味は、深い滋養が身体に染み込んでゆくようで、他のどんな場所で食べたものより上等だった。それ以降も私は何度も参鶏湯を食べているが、あれ以上の味にはついぞお目にかかったことがない。それほど見事な出来栄えであった。

私の仕事はといえば、梁副委員長の命を受けて、翌日に競技のない選手たちを道内観光に連れまわったり、訪ねてくる商工人たちとの折衝をやったり、時々起こる揉め事の調整役をやったりしていた。あとは選手たちの要望を聞いて、さまざまな土産物を用意してやるのも私の仕事であった。経費は使い放題だった。道本部が用意した朝鮮料理に飽きると、大会本部のあった札幌で最高級のグランドホテルに選手たちを連れてゆき、そこでいちばん上等のステーキを奢《おご》ったりしていた。

そして、私の仕事のうち、もっとも重要なものの一つが、南朝鮮対策である。朝鮮総連が北朝鮮選手団の引き受けをやったように、南朝鮮のほうは韓国民団が選手たちの世話を焼いた。このとき、総連は大会中、南との政治衝突は極力避けるべしとの方針をとったが、民団側が「北韓（北朝鮮）選手よ、自由大韓（韓国）のふところへ」などと大書した垂れ幕を掲げて、我々の神経を逆撫でしたりしたものだ。

この大会で北朝鮮の花形選手は、女子スピードスケートのエース、韓弼花《ハンピルファ》であった。たしか、三〇〇〇メートルで銀を、一五〇〇メートルで銅を獲ったと記憶している。

西側の国際舞台にほとんど登場しない北朝鮮から来た選手たち。そのなかでも世界のトップクラスをゆく有力選手ということで、韓弼花の活躍は世界中のメディアの注目を集めた。

三〇〇〇メートル決勝の日には、一万人以上の在日が札幌の屋外スケート場に集まったと思う。総連と民団がそれぞれ組織の威信をかけ、全国各地から動員したのである。もちろん組織力は総連のほうが圧倒的に大きい。その当時は一〇倍以上の差があったはずだ。総連では中央本部が号令をかけ、観戦ツアーの参加者を募った。祖国の英雄を一目見ようと、全国から同胞が駆けつけた。授業を中止して生徒全員で決勝戦を見に来た学校もある。

しかし、このときは民団のほうも必死になって動員をかけた。観客席には、各国の応援団が振りかざす何十カ国の国旗が翻っていたが、日の丸に次いで多かったのは北朝鮮の旗、その次が南朝鮮の旗であった。

南北の選手が登場するともうたいへんで、客席のあちこちから「イギョラ（勝て）！」「イギョラ！」の大合唱が起こる。団長、副団長の世話係だった私は、オリンピック委員会の役員たちのすぐ横の特等席からレースを見守っていたのだが、民団の応援席が振り回す太極旗（韓国旗）が目障りで仕方なかった。幸いそういうことはなかったが、もしあの連中が北朝鮮選手に向かって口汚い野次でも飛ばそうものなら、飛び出していってぶん殴ってやるつもりであった。

スピードスケートは順番に二人ずつリンクを滑ってタイムを競う。だから、屋外で競技がおこなわれる場合、時刻によって微妙に条件が違ってくることがある。このときがまさにそうであった。韓弼花の順番は最後のほうで、すでに夕方近かったのだが、そのすこし前から小雪がパラつきはじめた。まだ日の高い時間に滑ったオランダの有力選手がその日の最高タイムをマークしていて、本部席の日本人役員たちはこの記録に拮抗できるのは韓弼花だけだろうなどと語り合っていた。ああ、それなのに、なんという不運……。

「これで弼花の優勝は難しくなってきた」

と、誰かが言った。

すこしでも雪が積もると氷面の摩擦が大きくなって滑りが鈍る。北朝鮮応援団の全員がいまいましそうに空を見上げていた。しかし、そんなこちらの気持ちなぞお構いなしに、ふわふわのんびり、雪は地上に落ちてくる。

しかし、そんな悪条件にも拘わらず、弼花は優勝タイムとほとんど互角の好記録でゴールした。たしか、二秒か三秒差で、惜しくも二位に甘んじたのだった。

「雪さえ降らなければ優勝だった」

「運が悪かった」……

我々は口々にそう言って悔しがったものだ。

しかし、スポーツの世界では運も実力のうちである。生粋のスポーツウーマンである韓弼花は言い訳など一つもせず、晴れ晴れとした顔で表彰台に昇って銀メダルを授けられた。

＊

韓弼花が新聞紙面を賑わせたのは、スケートリンクの上だけではなかった。彼女がスポーツ面のみならず、社会面にも大きく取り上げられたのは、彼女の一家がいわゆる南北分断家族であったからである。

大会終了直後の二月半ばのある日だった。

南朝鮮の首都・ソウルで、韓弼聖《ハンピルソン》と名乗る三八歳の男性が、「自分は韓弼花の兄だ」と名乗りをあげた。その前にも「韓弼花の姉だ」と名乗る女性があらわれたが、これは彼女の勘違いであった。しかし、今度はどうやら本物であるらしかった。

朝鮮戦争の戦火のなかで北と南に分かれて棲むことを余儀なくされた兄妹は、二〇年ぶりにお互いの存在を確認しあった。たしか、朝日新聞社が用意した国際電話で妹は兄の肉声を聞き、電話での対話を果たしたはずだった。ちょうど連合赤軍の事件が世を騒がせていた真っ最中であったが、その次くらいの扱いで報道されていた。

そして、その兄が妹に会うため来日した。しかし、二〇年ぶりの感動の対面は、総連と民団、すなわち北朝鮮と南朝鮮の意地の張り合いで実現しなかった。南北双方とも、兄妹が対面を果たした直後、相手側が〝亡命希望〟をデッチ上げて南が妹を、北が兄を拉致するのではないかと、その可能性を危ぶんだのであった。総連のほうでは対面の機会を利用して南朝鮮情報部が弼花を拉致するのではないかと神経を尖らせ、民団のほうでは羽田に着いた兄を東京の大使館に拘束して自由を奪った。北と南はいつもこうだ。常に人道より政治が優先される。

妹の弼花を説得したのは、この私だ。

「二〇年ぶりの対面ということだが、残念ながら今回はあなたと兄さんを引き合わせるわけにはいかない。南朝鮮があらゆる機会をとらえて策謀を巡らせる謀略国家であることは、あなたもよくご存知のとおりだ。あなたが兄さんと会えば、南の当局はあなたを拉致し、すぐさま〝韓弼花が亡命申請した〟と騒ぎ立てるだろう。世界が注目するこの大会でそれをやれば、南朝鮮にとってこれ以上のプロパガンダはない。誠に気の毒だが、どうか我慢してくれ」

韓弼花はその当時二五、六だったが、すでに結婚もしており、齢のわりには考え方もしっかりしていた。スケート選手として海外遠征も多かったから、このような国際大会がしばしば政治的理由で混乱をきたすことがあることも心得ていたようであった。自制心の強い、ものの道理のわかった礼儀正しい女性で、私は非常に好感を持った。

「わかっております。偉大なる金日成将軍が祖国を統一してくださるその日まで、兄との対面は我慢します」

彼女は日本の新聞には、「兄と二人っきりで思う存分両親の話や子供のころの思い出話をしたい」などと答えていたが、私にはきっぱりとそう言った。

結局、韓弼花の兄は妹との対面を果たせぬまま、一人で南朝鮮に帰っていった。

## 学園スパイ浸透事件

すでに述べたように、東京都商工会宣伝部長という私の肩書きは世を忍ぶ仮の姿で、実際は朝青政治部副部長として裏活動に従事していた。東京都商工会は当時もいまも、東上野の朝鮮商工会館のなかにある。六二年にできた商工会館には他に、商工会議所の全国組織である在日本朝鮮人商工連合会、東京体育会、その他、朝鮮石材をはじめとするいくつかの貿易会社が入っていた。八階建てのビルには、当時、五〇人から一〇〇人くらいが出入りしていたはずである。

この会館の東京都商工会の部屋のなかに私の机はあったのだが、事務所に出勤したのは一年のうち三分の一くらいのものであった。あとは、ほとんど家にも帰らず全国を飛び回っていた。その半分くらいは、公安の眼におびえながら夕闇の海岸を手探りで這いずり回り、岩から岩へと飛び移るような危険きわまりない任務であった。

商工会のほうには、「腰が痛いから一カ月ほど休ませてもらいます」とか「風邪をこじらせて熱がひかないのでもう四、五日休みをください」などと言い訳する。同僚たちの不審を買ったのも無理はなかった。まだ三〇そこそこの若造が腰痛だからひと月休みをもらいたいなどと言ったところで、誰が信じようか。それも一度や二度ではないのだ。しかし、当時の東京都商工会理事長は私とおなじ栃木の出身で、どうやら私が特殊任務に携わっているのを薄々感づいていたようであった。何かと理由をつけては休んでばかりいる私が同僚たちから指弾されるのを、いつも庇《かば》ってくれたものだ。

そのうち、同僚たちも私が特殊な人間であることを察したらしく、いつのまにか誰も何も言わなくなった。しかし、だからといって、表看板の宣伝部長の仕事をしなかったというわけではない。とくに南朝鮮反動分子に対する攻撃は、眦《まなじり》つり上げ、誰にも負けないくらい、必死にやった。たとえば、後から考えれば明らかに朝鮮総連が強く関与したに違いない学園スパイ浸透事件に対しては、すべて「南朝鮮反動分子の悪辣な陰謀だ！」と強引に開き直ったのだった。

＊

東京都商工会に籍を移した直後の七一年四月のことだった。

朝、商工会館の事務所に出勤すると、職員たちが新聞紙を囲んで何やら騒いでいる。

「何かあったのか？」

と、みなが眺めていた新聞を横から覗いて、一瞬、すぅーっと血の気が引くのをおぼえた。

あれはたしか毎日新聞だったと思うが、職員らが指さしていたのは、「韓国でデモ煽動の学生スパイら五一人一斉逮捕！」のニュースだった。

私が驚愕したのも当然で、わずか一週間ほど前にあの大阪の尹を留学生としてソウルに送り出したばかりだったからである。

ひったくるようにして同僚の手から新聞を奪うと、むさぼるように読み始めた。

韓国陸軍保安司令部は、二十日、北朝鮮の指令を受けて政府転覆を画策していた五十一人の大規模なスパイ団グループを検挙した、と発表した。……（中略）……ソウル大学院二年、徐勝（ソ・スン）は、六八年、北朝鮮から日本経由韓国へはいり、留学生として大学院に籍をおいたあと、実弟（徐俊植）など二十人を仲間にひきいれ、各大学の連合戦線を結成、朴（正煕）大統領の三選阻止運動を進めていたとしている……（毎日新聞　七一年四月二〇日付夕刊より）

昔の新聞を調べてみるとそんなことが書いてある。記事は大規模な反政府デモを煽動したスパイ団の中心人物が日本から来た留学生であると伝えていた。

「これは南朝鮮のデッチ上げだ！」

最後まで読み終わらぬうち、私は部屋中に響きわたる声で叫んだ。

そこにいた同僚たちの動揺を鎮めるため……ではない。読んでいる途中で、事件は間違いなくデッチ上げだと確信したのである。私が送り込んだ尹はつい一週間ほど前、ソウル入りしたばかりだ。まだ何もできるはずがないし、第一、名前が違う。京都の学生会出身でソウル大に留学した優秀な兄弟のいることは聞かされていたが、純粋な留学生のはずだった。留学生スパイとはまったく関係ない。兄弟は南朝鮮の悪辣な陰謀に巻き込まれたのだ……。

そう思うと、今度はカッと逆上した。

直ちに中央本部に電話をかけると、当然向こうも事態は把握している様子であった。

「謀略だ！　謀略だ！」

電話に出た朴在魯副議長も怒鳴っていた。

「緊急会議だ。おもえもすぐ来い！」

上野の駅まで走っていって山手線に飛び乗った。

おそらくは中央のほうでも蜂の巣をつついたような大騒ぎになっているのではないかと想像したが、しかし商工会館とは違い、さすがに本部で働く職員は自制心が強く、中央本部は表面、一応の平静を保っていた。しかし、当然のことながら、みな事件には強い関心を持たずにはいられないらしく、廊下のあちこちでひそひそと噂話をしている姿が見受けられた。

宣伝局には第一部から第三部まであるが、このとき中心になったのは、第一部である。宣伝局の第一部長が中心になって大々的な〝徐兄弟救出キャンペーン〟が張られることになった。韓国政府のスパイ事件デッチ上げに抗議する大キャンペーンの布陣が組まれた。東京都商工会の宣伝部長だった私も、彼らの下で使い走りをやらされることになった。

人間の成長にたとえれば、このころは朝鮮総連の青年期の入口で、在日がもっとも熱かった時代である。何かと事件も多かったが、我々は祖国愛に燃え、結束力も強かった。前年の七〇年に全国朝銀信用組合の預金高が一〇〇〇億円を超え、財政的にも相当豊かだった。学園スパイ事件のあった七一年四月には、十条の東京朝鮮高級学校の敷地に東京朝鮮文化会館が完成し、そこに約三〇〇〇人の参加者を集めて帰国運動の再開を祝う大祝賀会が開かれた。新潟に来ていた帰国船は六七年から四年間、一時入港中止になっていたが、七一年の五月にふたたび運航を開始したのであった。

三〇〇〇人の聴衆を前にして、当時金炳植に代わって第一副議長となっていた李珍珪が檄を飛ばした。

「学園スパイ事件は南朝鮮の情報当局による完全なデッチ上げだ。南朝鮮の悪辣な陰謀によって囚《とら》われの兄弟を、我々同胞が全力をあげて救出するのだ。それこそが我々に課せられた使命だ！」

キャンペーンが本格化したのは七月からである。

その年の七月一九日に開かれた第一回公判に詰めかけた南朝鮮と日本の記者は一斉に悲鳴をあげた。被告人として出廷した徐勝が、全身まっくろ焦げに焼けただれた無惨な姿で登場したからだった。

翌日、南朝鮮の新聞各紙は、顔中ケロイド状の火傷跡に覆われた徐勝の写真をでかでかと掲載した。南朝鮮の政府発表は、自供を拒んだ徐勝が焼身自殺を謀り、油を被って自身に火をつけたと言っていたが、むろん、我々がそんなことを信じるわけはなかった。

「徐勝は南朝鮮の情報局にガスバーナーで拷問されたのだ」

「いや、あくまで自白を拒んだため、情報局によって燃えたぎるストーブに顔を押しつけられたのだ」

そんなことを喧《やかま》しく叫びあっているうち、いつしか既成事実ができ上がってしまった。つまり、

「無実の徐勝は南朝鮮情報当局の強引な取り調べによって偽の自供を強要され、それを拒んだために拷問に遭い、ストーブに顔を押しつけられた揚げ句にガスバーナーで丸焼きにされた」と……。

我々は全国をまわり、公会堂やら文化会館やらを借り切ってキャンペーンに乗り出した。理論派で弁の立った朝鮮大学校のロシア文学教授を講師として、全国各地で「徐兄弟救出」を訴える講演会を開いたのである。集まったのは、ほとんどが朝鮮総連の各支部からかり出された同胞たちだったが、なかには日本人も混じっていた。講演会に来てくれる日本人といえば、大学生や教員、弁護士やマスコミ関係者などのインテリ層が多かったと記憶している。

無惨な大火傷を負った徐勝の写真を大伸ばしにして、「みなさん、この無実の青年たちをどうか救ってやってください。南朝鮮の拘束から解放してやってください」と訴えた。涙声を振り絞るようなロシア文学教授の演説を聞いて、出席者のほとんどが眼にうっすらと涙を溜め、もらい泣きしていた。そうして「徐兄弟救出嘆願」の署名欄に名前を書き、カンパをして帰ってゆく。我々のキャンペーンには日本のマスコミもおおいに協力してくれた。朝日新聞や毎日新聞は我々の運動を何度も取り上げてくれたし、岩波書店からは本も出版された。

「学園スパイ事件はデッチ上げだ！」「無実の徐兄弟を救出せよ！」——そんな文句を書いたビラを朝鮮新報社に命じて何千枚も刷らせ、我々は飯田橋駅近くの街頭で、声を限りに、必死になって配ったものだ。動員された朝鮮高校の生徒たちも、声を張り上げ、街ゆく人々に訴えていた。

「皆様のお力を貸してください！」

「無実の青年を救ってあげてください！」

……。

ビラには、やはり徐勝の写真が載り、「南朝鮮当局の拷問に遭い、大火傷を負った徐勝さん」などと書いてある。

冷静に考えれば、真夏だというのに部屋のなかにストーブが焚かれていたなどというのは、いかにも不自然だ。しかし、それを不自然と思わないほど私たちは興奮していた。

なぜこういうことが起きるのかというと、総連という組織は、すべて上から下への命令系統しかないタテ割り構造でできているからである。任務の成果を報告するのは直属の上司に対してだけだし、与えられた任務を他人に言うのは直属の部下に仕事を命ずるときだけである。ヨコのつながりは一切なく、裏の任務を他人に言うことも決してない。そして、他人がどんな極秘任務をやっているのかも知らないし、訊くこともしない。だから私は、まさか自分たちの他にも韓国にオルグ留学生を派遣しているグループが存在するとは、ついぞ知らなかったのだ。

おそらく、金炳植とその流れを汲むほんの一握りの対南工作司令部の人間だけが、すべてを知っていたはずである。きっと、彼らは、「南の謀略だ！」「デッチ上げだ！」と顔をまっかにして叫んでいる我々の姿を見て、ひそかにほくそ笑んでいたに違いないと思う。

事件がデッチ上げなどではなく、我々とはまったく別の指令系統による留学生スパイ浸透事件であるとようやく私が気づいたのは、それから四年か五年経ってからのことであった。

## 偉大なる金日成主席誕生六〇周年祝賀一五〇日間革新運動

七二年は金日成が生誕六〇周年を迎えた年である。偉大なる首領の記念すべき還暦を祝うため、前年の末から朝鮮総連では入念な準備が進められていた。

前年一一月に、「偉大なる金日成主席誕生六〇周年祝賀一五〇日間革新運動」なるものが韓徳銖議長によって発表された。その最大の眼目は、金日成の六〇歳の誕生日を祝うため、一五〇日間かけて盛大な贈り物をしよう、ということである。私は中央宣伝局の命を受けて走り回る実働部隊の隊長のようなことをやらされた。

総連中央本部以下、各地方の支部・分会にいたるまで、全組織を挙げて日本全国各地からその地方の特別貴重な工芸品などを集めて首領様の誕生日に贈り物を捧げることになっていたのだが、私は中央本部からの忠誠品（プレゼント）を調達してくる役割を仰せつかった。

中央本部からの捧げ物であるから、地方から届けられる品物に見劣りがあってはならない。宣伝局での会議の結果、中央本部からの贈り物には、日暮里かどこかに住んでいた有名な屛風作りの職人に、金糸の刺繡で祝賀文を縫い込んだ巨大な金屛風を発注した。見積もりはたしか一〇〇〇万円近くになったと思うが、カネに糸目はつけなかった。数カ月かかって完成した屛風は、なるほど、誰が見ても思わず唸らずにはいられないような見事な代物であった。

年が明けると、総連のなかは六〇周年記念式典の準備一色になった。戦時中に日本の女性たちがやった「千人針」を真似た「忠誠のひと針刺繡運動」というのがはじまった。

十条の文化会館に全国各地からの貢ぎ物が集められ、副議長以下、中央の幹部が寄ってたかって品定めをやった。贈り物コンテストである。

父なる首領様の記念すべき六〇歳のお誕生日のお祝いに、と何カ月もかけて特注した品物が全国から集うのだ。絢爛豪華なことこの上ない。有名な陶芸家が時間をかけて焼いた陶器・磁器、人間国宝級の彫刻家が掘った桜の木の彫り物、屋久杉の根っこでつくっためずらしい置物、金細工、銀細工……、南朝鮮の有名な陶芸作家・李三平の作品もあった。地方の有力な商工人などは個人単位でも贈り物を届けたから、一堂に会した品物の時価総計は、当時でも数億円ではきかなかったかもしれない。しかも、総連のみならず、このときばかりは普段表に顔を出さない裏の非公然組織も、こっそりと北朝鮮の偉大なる首領に貢ぎ物を捧げた。日本にいくつかあるそれらの非公然組織が贈った品物には、すべてハングルと数字を組み合わせた暗号がついていた。そのような宝物で十条の文化会館はいっぱいだった。

まるで昔の中国王朝物語かアラビアンナイトのようなものだ。そのような〝金銀財宝〟の数々を、我々は北朝鮮の王様に届けたのだった。数台のトラックの荷台に分けて載せ、前年から運航がはじまった初代万景峰号の待つ新潟港まで運ぶ。船積みする前、いったん、富士運輸という万景峰号のエージェントをやっている会社の倉庫に運び入れたのだが、運送会社の倉庫からはみ出すほどの量だった。それを今度は停泊している万景峰号に積み替えたのだ。そしてこれらの記念の品ばかりではなく、北朝鮮の偉大なる首領がもっともよろこぶはずの日本円も現金の形でひそかに船積みされていたはずだが、このときには私は関わっていない。

四月一五日の式典には一〇〇〇人近い在日朝鮮人が参加したはずである。そのなかには日本から二五〇㏄の単車を転がしていったオートバイ部隊も混じっていた。北朝鮮の国旗と金日成の肖像画を旗にした祝賀旗をたなびかせ、いずれは総連の幹部になろうかという優秀かつ忠誠心の強い若者たちが（六〇周年記念にあわせて）六〇人選抜され、六〇台の単車で乗り込んだのである。そして、じつはこの選り抜きの青年部隊もまた、総連から偉大なる首領への贈り物であった。青年たちは、本人の意志とは関係なくそのまま北朝鮮に定住させられ、二度と日本に帰ってくることはなかったのである。

＊

一方、日本でも、偉大なる首領の六〇歳を盛大に祝う在日本中央大会が開催された。

独裁国家である北朝鮮においては、一年のうちでもっとも重要な記念日は元首の誕生日である。したがって、北朝鮮に絶対的に従属する日本の朝鮮総連においてもまた、この日がもっとも重要な旗日となる。北朝鮮には他に建国記念日（九月九日）や党創建記念日（一〇月一〇日）などの祝日があるが、それとは比較にならないほど盛大に祝われたのが、金日成生誕祭だった。八〇年代になってからはこれに息子の金正日《キムジョンイル》の誕生日（二月一六日）が加わることになった。

しかも、一〇年の節目の記念日ともなれば格別である。おなじく四月一五日、日本では、十条の文化会館に背広とチマチョゴリで正装した四〇〇〇〜五〇〇〇人の同胞が集まった。

壇上には朝鮮総連議長以下、副議長、局長クラスの大幹部たちが鎮座していた。韓徳銖議長、李珍珪《リジンギュ》第一副議長と続いたのだが、私の記憶に残っているのは、壇上にいるあいだじゅう消沈したように下を向いていた副議長の金炳植の姿である。私はもちろん会場の職員席から壇上を見上げていたのだが、副議長席の金炳植は、ひどく青ざめたように精気がなかった。他の幹部たちがにこやかに微笑んでいるお目出度い席で、ひとり苦虫を嚙みつぶしたような顔で眼を伏せていた。

それもそのはずだった。金炳植はすでに述べたような理由で韓徳銖との権力闘争に敗れ、この時期には事実上失脚したも同然であった。そして、この年の八月三〇日、炳植は南北赤十字社のあいだで開かれた第一回会議に北側諮問委員の一人として平壌に召還されることになり、二度と帰ってくることはなかった。みずからの政敵をつぎつぎと本国に送り込んで幽閉した剛腕の野心家も、結局最後は政敵たちとおなじ運命をたどることになった。壇上の炳植は、おそらくやがて訪れるだろうそんな自分の運命を悟っていたに違いないと思う。

しかし、居並んだ大幹部たちのなかにも、一般職員のなかにも、そんな炳植に同情的であったものは皆無であったろう。権力にものを言わせて親分風を吹かしすぎた炳植は、権力闘争に敗れた瞬間から完全に人望を失い、そのころには総連中央で決定的に孤立していた。

昼食を挟んで午後からは、総連自慢の歌舞団である在日本朝鮮中央芸術団の公演がはじまった。現在の金剛山歌劇団の前身である。この歌舞団が演じる民俗舞踊や歌劇は一見に値する。その日の演目が何であったかもう忘れたが、この日のために平壌へ代表団を派遣して芸に磨きをかけた芸術団の上演には、時の過ぎるのを忘れて見入ったものだ。

踊り手たちの技能もさながら、とくに背景としてスクリーンに映し出される幻灯の技術は、日本の演劇界ももっと導入すればよいのにと思う。北朝鮮で開発されたこの技術を用いれば、山河や星雲、豊穣の海から暗雲たれこめる戦場、煌《きら》めく近代都市まで、変幻自在のあらゆる場面が、極彩色の錦絵で一枚のスクリーン幕上に展開される。金剛山歌劇団が使用しているのも、本国のものと較べても遜色ないくらい見事な技術である。

さらにこの日の夜はホテルの宴会場に流れて、盛大な宴席が設けられた。

*

そして、翌月の五月三〇日と三一日、六〇周年祝賀行事の締めくくりともいうべき、大マスゲーム大会が開催された。これは東京の駒沢競技場を借り切って上演されたのだが、朝鮮大学校以下、関東圏の朝鮮高級学校、初中級学校の生徒ら総勢一万人以上が動員された。

このときが初演で、二時間にもわたった長大なマスゲームの演題は、『領袖にささげる栄光のうた』。これは金日成が生まれてこのかた六〇歳を迎えるまでの半生を集団の躍動美であらわそうという、マスゲームによる一大叙事詩であった。学生たちはこの日のために半年も前から訓練に訓練を重ね、技を磨いた。北朝鮮観光でマスゲームを見せられ、息をのんだ経験のある人ならわかると思うが、それにもひけをとらないほどの出来栄えであった。一糸乱れぬ見事な演技に、客席のあちこちから溜息のようなどよめきが起こったほどだった。観客の総動員数はおよそ一二万人にも及んだというし、新聞からテレビから、あらゆるメディアが殺到した。海外の著名人も会場を訪れ、朝鮮総連の組織力を口をきわめて褒めそやした。

そして、もう一つ忘れてはならないのが、これだけ大がかりな演出を可能にした同胞商工人からの巨額の寄付だ。どんなに愛国心に燃えていようとこれがなければ何もはじまらない。しかし、当時の同胞たちは、わが民族とわが朝鮮総連の威勢を誇示するためなら、おれが、おれが、と競ってカネを出した。

いまから思えば、すべてが夢のようだ。

現在の朝鮮総連はもう二度とあんな壮大な大衆運動を展開することはできないだろう。この当時約五〇万人いた会員は現在では一〇万人以下になっている。民族学校の生徒も最盛期の三分の一か四分の一だ。商工人たちも、不景気だという理由ばかりでなく、もうカネを出したいとは思わない。北朝鮮のあんな現実を見せられれば否応なしに熱はさめるし、総連の組織自体が腐り切っている事実にも、みな気づきはじめている。

## 来日する大物工作員たち

七三年から北朝鮮代表団の訪日が頻繁になった。

オリンピック代表団の訪日で、日本に行けば上げ膳据え膳に物見遊山付きの大名暮らしができるという噂がパッと広まったらしい。

まず、一月に名門・平壌高等軽工業学校のサッカー代表団がやってきた。朝鮮高校の蹴球団と試合をしたほか、日本の高校選抜チームともプレーした。

過去、アジアにおいてワールドカップの決勝トーナメント進出を果たした（六六年）唯一の国であることからもわかるとおり、北朝鮮サッカーのレベルはきわめて高かった。現在でこそJリーグができて外国にもどんどん選手を送り出している日本のサッカー界だが、その当時の実力は北朝鮮チームに較べれば子供の遊びに毛が生えた程度のものでしかなかった。代々木の国立競技場かどこかでおこなわれたゲームを私も観に行ったが、日本チームがあまりに弱くて試合にならないので、馬鹿らしくなって途中で帰ってきてしまった記憶がある。これ以降、平壌芸術団、平壌学生少年芸術団など、北朝鮮から様々な芸術団がやって来るようになった。芸術とか文化交流とかいう名目ならビザが下りやすいためである。その他、学術交流、技術研修など、年間二つか三つの代表団が毎年かならず入ってくるようになった。

サッカー代表団から半年ほど経った七月の末、今度は万寿台芸術団が来た。朝鮮式プロレタリア芸術の総本山である。オリンピック選手団とおなじく、北京経由の飛行機でやってきたと思う。彼らは七月の終わりから九月の半ばまで、およそひと月半にわたって滞在し、全国各地をまわる予定になっていた。

今度は総勢八〇人前後であった。そして、それ以降も次から次へ続々と代表団がやってくるはずであった。朝鮮総連では、北朝鮮代表団の来訪に備えて、朝鮮出版会館の建設を前年から突貫工事で進めていたのだが、万寿台芸術団の到着に何とか間に合った。

出版会館は東京・文京区の白山にある一三階建ての巨大な建造物である。このビルのなかには、総連関係の様々な団体や企業が入っているが、当初は上層階を宿泊施設に利用する目的で建てられた。客が来れば間仕切りをして、いっぺんに一〇〇人くらいが泊まれるようになっていた。いくら当時の総連が潤っていたからといって代表団がくるたび全員にホテルをあてがってやったのでは出費が大きすぎる。ここを代表団の宿舎として使ってもらおうと考えていたのである。芸術代表団のため、人数分の高級羽布団まで用意していた。

しかし、この計画は会館竣工直後に早くも頓挫する。

万寿台芸術団を率いた北朝鮮側の幹部団が、こんなところには泊まれない、一流の芸術団が泊まるのは一流ホテルでなければ駄目だ、と言い出したのである。芸術団のメンバーも口々に不平を言ったらしい。予定がすっかり狂って大慌てしなければならなかったのは我々のほうだ。代表団のなかには党の幹部も何人か混じっていたのだから、急にそんなことを言われても無理です、とはとても言えない。日本側のホスト役である総連中央文化部は、大慌てでホテルの予約に走り回らなければならなかった。たしか、あのときは帝国ホテルとホテルオークラにあたったはずだが、いきなりそんな大人数分の空き部屋があるはずもなかった。担当者は困り果てていたが、幸いなことに当時新宿にオープンしたばかりの京王プラザのほうでなんとか人数分の部屋が確保できそうだという。総連は最近まで祝い事のあるたび京王プラザの宴会場を使っていたが、縁はこのときにできた。当てが外れて用済みになってしまった羽布団は、芸術団の土産として船に乗せて北朝鮮に送ってやった。

初演は、たしか上野の東京文化会館だったと思う。北朝鮮の全国各地から集められ、子供のころから様々な芸能に磨きをかけてきた選りすぐりの美男美女の歌や踊りが、私たち同胞を魅了した。この芸術団の最大の見せ場はなんといっても壮大な革命歌劇にあったが（ことに金正日の作・演出によるといわれる『血の海』は有名である）、日本での演目は在日向けに、朝鮮人なら誰でも知っているような『春香伝』などが選ばれた。午前中に舞台を設置し、午後と夜、一日二回に分けての公演だった。

彼らは京王プラザを拠点として、数日かけて数台のマイクロバスで関東各県をまわったはずである。次に名古屋、次に大阪、と拠点を移して一ヵ月半かけて全国をまわり、全部で六十数回におよぶ公演を繰り広げた。総観客動員数は一八万人にものぼったという。

このとき、地方への移動には朝鮮総連から七、八人の案内役がついていったが、そのなかの一人に私もいた。しかし、ただの案内役ではない。我々の役目は、地方の有力商工人を接待して、彼らから多額の寄付を募ることであった。パチンコ屋、焼肉屋、不動産屋……と、行く先々でその地方の有力な商工人が二〇～三〇人は集まった。一人につき最低一〇〇〇万円は持ってきたから、一ヵ所でおよそ五億円から一〇億円ほどになったと記憶している。その一部を代表団が北朝鮮に持って帰ったはずである。夜になれば、そうした商工人たちの招待で、その地方のコーリアンクラブに繰り出してどんちゃん騒ぎをやった。

そして、このとき、代表団の一員として、一人の大物工作員がひそかに来日していた。私に工作員教育を施したあの党副部長である。

代表団にはかならず指導員というのがついてくる。

ほとんどの場合、そのなかには朝鮮労働党の3号庁舎というところから派遣された工作員が混じっている。たいていは四〇〜五〇代の中堅幹部であった。

3号庁舎というのは、朝鮮労働党内部にある工作（謀略）機関のことである。連絡部、調査部、作戦部、統一戦線部と四つの部署に分かれていて、それぞれが情報収集をはじめとする独自の工作活動をおこなっている。ときには外国にテロを仕掛けたり（金賢姫《キムヒョンヒ》による大韓航空機爆破事件や幾多の拉致事件など）、麻薬の密売や偽札の製造などの非合法活動にも手を染めている。ここに所属する工作員は、国内でもっとも優れた頭脳と身体能力を兼ね備えた北朝鮮のスーパーエリートといえる。

＊

このうちの統一戦線部総連指導課というところが、学習組の指令系統を使って朝鮮総連を統括している。つまり、朝鮮労働党在日秘密党員である学習組のメンバーは、3号庁舎統一戦線部に所属する在日工作員ということになる。現在でこそその位置づけはかなり曖昧になってしまったが、当時の学習組員たちにとって組員であるか否かの線引きは、人間かそれ以外の動物かというくらいの違いがあったのではないか。そこまでは言い過ぎだとしても、すくなくとも組員以外の同胞はすべて一段下の人間、というくらいの認識でいたと思う。事実、総連の学習組指導委員会はそう教えていた。学習組にあらずば人にあらず、である。

しかし、じつはその在日のエリート集団であるはずの学習組も、北朝鮮の労働党から見ればいちばん末端のフラクションに過ぎない。在日はほとんど知らないが、統一戦線部というのは四つある3号庁舎の部署のなかでいちばん格下であり、在日のエリートとはいっても、党の幹部からすればようやく人間として認められるかどうか、といったところだ。この辺が北朝鮮の人心操作の巧みなところで、組織の隅々にいたるまで人々になんらかの形で優越感を持たせてプライドをくすぐるのである。「君は特別だ」「選ばれた人間だ」などとおだてあげて有頂天にさせ、服従させる。しかし、そのじつ、党の幹部は学習組など洟《はな》もひっかけない。このように本国と総連は、言葉は悪いが醜女の深情けのようなもので、いつだって在日側の一方的な片想いでしかないのである。人々がそのことに気づくのは、身も心も捧げた揚げ句、しゃぶり尽くされ、ぼろぼろになって棄てられた後だ。

総連指導課の課長は、姜周一《カンジュイル》といった。この男が朝鮮総連の元締めである。朝鮮人にはめずらしく、くりっとした大きな眼をしている。「周一」は対日工作用の偽名で本名は姜寛周《カングアンジュ》という。六〇年代の帰国運動の際に北朝鮮東北部の清津という港町で、日本からの帰国者を祖国に順応させる教化係の旗振り役をやっていたのだという。総連とのあいだに太いつながりができたのはそのときからである。韓弼花が銀メダルを獲った七一年のプレオリンピックのことはすでに話したが、あのときにはじめて日本にやってきた。ホテルの防犯カメラに関心を示し、「あれは何だ?」としきりに訊ねていたのを憶えている。その後、八〇年代に統一戦線部の部長となり、万景峰号の「指導船長」として何度も新潟に来ていた。彼に会うため、私も新潟まで何度も足を運んだものだ。現在はさらに出世して党連絡部の部長になったらしい。朝鮮戦争で名誉の負傷をした英雄であり党の信任も厚いということで在日は神のように崇《あが》めているが、何度も会っている私から言わせれば英雄でも何でもない。なんであんなに偉くなったのかと不思議に思うほどだ。私の眼には、ただの酒飲みの親父でしかなかった。飲み過ぎて後に肝臓を患い、C型肝炎にかかっていた。その肝臓の薬を赤坂の前田外科で買ってくるのも、私の仕事であった。「部長、あなたそんな病気持っていたら指導者（金正日）の側へ行けないじゃないですか」と冗談を言ったこともある。

しかし、当時は姜周一も党の指導員の一人でしかなかった。彼らの仕事は、まず第一に、在日の生態をつぶさに観察してくることだ。思想性に乱れはないか、資本主義の毒に染まってはいないか、商工活動はどうなっているのか、組織の統制に抜かりはないか、そのようなことを逐一記憶し、本国に帰って金日成に報告するのである。そして、次章で詳しく述べることになるが、朝鮮総連が調達したカネを北朝鮮に持って帰るのも総連指導課の仕事だ。

指導員の数は代表団の規模によって異なる。万寿台芸術団のときは数が多かったから、指導員も一二、三人ほどいたように記憶している。そのなかには、連絡部、調査部、作戦部から派遣された指導員も混じっていたはずだ。彼らは絶対に本名を名乗らないし、本国での所属について明かすことも決してない。しかし、すこしのあいだ一緒にいると、彼らが普通の人間でないことがだんだんわかってくる。

まず、身体つきからして違う。隆々たる筋肉の盛り上がりが、服の上からでもはっきりと確認できるほどだ。一様に目つきが鋭く、慎重に選んで言葉を喋る。それから日本語も抜群にうまい。

我々とほとんど変わらぬくらいだ。日本の地理も熟知していて、たとえば、東京のどこそこの店の河豚《ふぐ》がいちばんうまい、などということを平気で言う。

彼らは代表団とおなじ行動をするが、すこしだけ外れる。

万寿台芸術団の公演が東京であったある日、おそらくは連絡部か作戦部所属であろう、その一人が、

「総連の最近の事情を知りたいから、誰か組織の全体に詳しい人間を紹介してくれないか」

と私に言ってきた。私は当時、総連中央の組織部長をやっていた現・朝鮮総連議長の徐萬述《ソマンスル》を、彼の指定した新橋の料亭に連れていった。和服の女性が横につく高級料亭で、帰り際の会計のとき、示された勘定書を見て目玉が飛び出しそうになったことをよく憶えている。座っただけで、一人あたり三万から四万円とられたはずである。それに酒と料理、さらに横についた女性のサービス料も含めて、全部で三〇万円くらいしたのではないか。当時のサラリーマンの月給の二倍か三倍だった記憶がある。まさか、そんな高価《たか》いとは想像もしていなかったから、まっさおになった。クレジットカードなどなかった時代である。その場で同僚に電話して足りない分を持ってきてくれるよう頼んだ。党の幹部に恥をかかせ、私と組織部長はひどく気まずい思いをしたものだ。

彼は徐萬述に朝鮮総連の近況を報告させた。それは統一戦線部の仕事だろうと言われるかもしれないが、労働党はそうやって二重三重のチェック体制を敷くのである。誰かが虚偽の報告をすればすぐに嘘がばれるようになっていた。

そして、彼らの最大の仕事は、それぞれの部署に独自につながる在日非公然組織をつくること

だ。3号庁舎は謀略機関だと私は言ったが、その最大の目的は対南工作(対韓国浸透工作)である。北朝鮮の工作員は、じつに様々な方法で韓国に潜入する。トンネルを掘って地下から軍事境界線を越える者もいるし、潜水艦を使って海から上陸する者もいる。しかし、当然のことながら、軍事境界線付近の韓国側の警戒は非常に固く、そう簡単に突破できるものではない。それで考え出されたのが、日本を経由して韓国に侵入する方法である。この場合、工作員本人が非合法な手段で日本人名義のパスポートを入手し、本人になりすまして韓国に入国する方法や、日本につくった地下党のメンバーを韓国に潜り込ませる方法などがある。そのための足場となるのが、地下党である非公然組織ということだ。七〇年代のその当時で、作戦部所属の在日非公然組織がおよそ二〇、連絡部所属が約三〇ほどあったはずだ。

朝鮮総連のなかは学習組でがっちり固められているから、彼らは総連を通さず、極秘に接触してくる。統一戦線部の人間に知られないようにするためである。総連から送られた評定書を向こうで吟味して、これと眼をつけた人間に直接電話をかけ、「〇〇ホテルの何号室に何時何分に会いに来い」などと言って呼び出すのである。この方法を一本釣りという。主に狙われるのは、本国に評定書が送られたものの学習組に選抜されなかった人間、学習組に選ばれたものの日の目を見ずに総連のなかでくすぶっている人間だ。

*

私も一度、一本釣りされそうになったことがある。

七〇年代の終わりであった。夜、船橋の自宅に、その男から直接電話がかかってきた。

「中央党のある方の使いできました。すぐ会いたい」

指定された時間に指定された有楽町の喫茶店（彼は店の名前まで言った）に行くと、その男が待っていた。

いちばん奥の席で壁を背にして新聞を拡げているのがその男だと、ひと眼でわかった。当時、彼らのような北朝鮮の工作員が一般人に化けて市中に繰り出すときの服装はたいてい決まっていた。地味な背広の上下に鳥打ち帽である。しかしそれより、彼の持っている独特の雰囲気が、何より雄弁に特殊任務に携わる者であることを物語るのだった。普通の人にはわからないが、私のような同類には一発でわかる。

「お電話いただいた方ですか？」

朝鮮語で私が訊ねると彼はうなずいて名前を名乗った。むろん、本名ではあるまい。後から考えれば、おそらく連絡部の課長クラスだったのではないかと思う。五〇代の半ばくらいだろうか。中肉中背でそれほど大きくないが、いかにも頑丈そうな体軀をしていた。

「ある方から手紙を預かっています」

と言いながら、彼は内ポケットから封筒に入った手紙を取り出した。

チラリと一瞬だけ彼が拡げた紙片には、どこかで見た記憶がある書体の署名があった。「金正日」と。

「ここではなんだから……場所を移して話しましょう」

そう言って彼が私を誘ったのは、おなじ有楽町の交通会館の最上階にある回転式展望レストランであった。当時の流行の最先端で、着飾った若い男女がデートに使うような場所だった。

「ここなら安心だ」

と、笑みを含んで彼は言った。

「ここなら絶対に後ろから狙われる心配はないからな」

冗談とも本気ともつかぬ笑い方だった。

ハンバーグか何か、注文した西洋料理をナイフとフォークで口に運びながら、我々はぼそぼそと語り合った。彼は主に私の祖国に対する思い入れと、朝鮮総連での現在の境遇について訊ねた。

「あなたみたいに実績もあり、思想性のしっかりした若者を商工会なんかに配転してしまう朝鮮総連の考えが私にはわかりません。あなたのように明晰な頭脳を持った方はずっと政治部にいるべきだった。ご自分でもそう思いませんか？」

そんなことを言ったので、彼の目的がはっきりとわかった。

つまり、彼は、毎年更新される評定書、すなわち、総連から北朝鮮に送られた私の勤務評定に青年同盟政治部副部長から東京都商工会宣伝部長に異動になったのを見つけ、私が左遷の憂き目に遭い、不遇を託《かこ》っているのではないかと想像したらしい。たしかに、額面どおり受け取ればそうとれなくもない人事ではある。というより、身内の眼すら誤魔化すための目眩《めくら》ましなのだから、それが見事に功を奏したことになる。奏し過ぎた、と言うべきか。

「そんなところでくすぶっているより、私の下で働きなさい。けっして悪いようにはしません」

と、彼は恩着せがましく言う。

「君を我々の特殊任務に参加させることは、すでに指導者同志の了解事項だ。できれば明日からでも手伝ってもらいたい」

次第に命令口調になってきた。私が畏《おそ》れ入って平伏するのが当然だと思っているようであった。

しかし、

「残念ながらご意向には添えませんね」

と、私は言った。

「あなた、平壌で私のことを調べてきた、って仰《おつしや》いましたよね？　本当に私の身分、わかってらっしゃるんですかね。わかっているんだったら、よもや私の家に電話をかけてくるようなことはなかったと思うんですがね……」

彼の顔に小さな疑問符が浮かび、それがだんだんと大きくなっていった。

「どうやら私が誰の指示で行動している人間か、本当にご存知ないようですね。単刀直入に言いましょう。私を指導しているのは、党書記局の3号庁舎担当副部長同志です」

これにはさすがに驚愕したようであった。党副部長は金日成から直接指示を受けて非公然活動を掌握している党の大幹部である。まだ四〇歳かそこらだった金正日の指令で動いている連絡部の課長などとはまったく格が違う。彼の顔がみるみる青ざめていった。

「嘘だと思ったら、副部長同志に直接お訊ねください。いや、そんなことをしたらあなたが二度と日本に来られなくなってしまいますね。だったら、白頭山の麓の洞窟に私が日本から送った機密書類が一式、隠してあります。一度覗いて確かめてごらんになったらいかがですか」

そこまで言うとすべてが理解できたらしかった。彼は人眼もはばからず、テーブルに両手をついた。

「どうか、今回のことはなかったことに……」

## 「夢にまで見た社会主義祖国」

七四年の二月に、朝鮮労働党中央委員会の名による重大方針が発表された。「唯一思想体系の一〇大原則」である。

「我々は偉大なる首領・金日成同志の領導する栄光の時代、金日成時代に生きており、そして闘っている。人類が生んだ革命の英才である偉大なる金日成同志を首領としていただいていることは、わが党と人民の最高の栄誉であり、最大の幸福である。……」

「一〇大原則」はそのようにしてはじまる。

ようするに、北朝鮮人民の政治的行動規範である。草案を練ったのは前年から宣伝担当書記に就任した金正日だといわれる。日本でもほぼ同時期、七四年二月の第一〇回全体大会の際、東京に集まった約三〇〇〇人の幹部たちのまえでこの「一〇大原則」が発表された。北朝鮮から届いた文書を読み上げたのは、李珍珪副議長であったと記憶している。

一、偉大なる首領・金日成同志の革命思想によって社会全体を一色化するために命を捧げて闘争しなければならない。
二、偉大なる首領・金日成同志を忠誠をもって仰ぎ奉らなければならない。
三、偉大なる首領・金日成同志の権威を絶対化しなければならない。
四、偉大なる首領・金日成同志の革命思想を信念として受け入れ、首領の教示を信条化しなければならない。
五、偉大なる首領・金日成同志の教示を執行するにおいて、無条件の原則を徹底して守らなければならない。
六、偉大なる首領・金日成同志を中心とする全党の思想意志的統一と革命的団結を強化しなければならない。
七、偉大なる首領・金日成同志に学び、共産主義的風貌と革命的事業方法、人民的事業作風を持たなければならない。
八、偉大なる首領・金日成同志から授かった政治的生命を大切に守り、首領の大きな政治的信任と配慮に対して高い政治的自覚と技術に立脚した忠誠をもって報いなければならない。
九、偉大なる首領・金日成同志の唯一的領導のもとに、全党、全国、全軍が終始変わることなく活動する強い組織規律を確立しなければならない。
一〇、偉大なる首領・金日成同志が開拓された革命偉業を、代を継いで最後まで継承し完成していかなければならない。

この一〇項目にそれぞれ付随した特記事項が書き込まれているのだが、詳細は省く。ようするに、北朝鮮人民の全生活を「偉大なる首領・金日成同志」に縛り付け、それ以外のことはいっさい考えるな、と言っているのだ。

事情は、朝鮮総連でもおなじであった。

金日成の神格化に拍車がかかり、学習組のメンバー全員に「一〇大原則」を細大漏らさず擦り込んだ「学習組手帳」という赤い手帳が配布された。組員は随時その手帳を開いて内容を復唱することが奨励されたのである。

そして、この大会で組織改編がなされ、朝鮮総連は一三局制を導入した。

＊

七六年になって、朝鮮総連中央本部への配属が決まった。総連中央宣伝局の指導員になったのである。

「組織」と「宣伝」（北朝鮮の朝鮮労働党でいえば、「組織指導部」と「宣伝煽動部」にあたる）――この二部門が朝鮮総連の中枢部局と言われる。その主たる理由は、北朝鮮の「唯一後継者」であった金正日がこの二つの部署を渡り歩いた後、「組織・宣伝担当書記」に選出されたことによる。朝鮮総連では、組織局は人事と組織づくりを担当し、宣伝局は主にオルグ活動を通して思想統制をおこなう。朝青時代、八年間の政治部の活動は特殊工作ばかりおこなう総連の裏街道であったから、中央本部へとあがってはじめて私は組織の表舞台に立ったということになる。これでようやく裏道人生から足抜けできる、とそのときはよろこんだものだ。やれやれ、これでようやく人並みに日の当たる道を歩くことができる、と。しかし、私の属する組織がそんな甘いものではないことを悟るのに、それほど時間はかからなかった……。

＊

中央本部にあがってからいちばん変わったことといえば、本国との往還が頻繁になったことだろうか。中央本部の職員は、祖国訪問団の団長あるいは副団長の名目で、じつにしばしば北朝鮮を訪れる。

このときから、私ははじめて〝公式に〟祖国を訪問するようになった。

中央本部に配属が決まって二年後の、七八年一〇月のことであった。総連地方本部の支部委員長ら幹部候補生三五名で構成される第四次祖国訪問団の副団長兼総務に抜擢され、生まれてはじめて〝表玄関から〟祖国の土を踏んだ。総務というのは、裏方の書類づくりや手続き、カネ勘定の類をやる事務方の仕事が主である。団長は、総連中央事務総局の幹部の誰かがやった。

私に副団長の任を知らせたのは、その当時総連中央の事務総局長をしていた現・朝鮮総連議長の徐萬述であった。秋色も深まったある日のこと、四階にあった徐の部屋に呼び出され、「中央党の副部長同志がおまえに会いたがっている」と伝えられた。後は言われなくてもわかった。

私の顔にさしたる感慨も浮かんでいないのを、徐萬述はすこしばかり不審に思ったかもしれない。もちろん、私が特殊工作船に乗って本国とのあいだを頻繁に往来し、副部長と密会を重ねていたことなど知り得ようはずもないのだ。

副部長が直々に会うと言うからには、目的は秘密工作のこと以外にはあり得なかった。おおた、私がつくった工作船の着岸拠点のことで打ち合わせたいというのだろう。たとえ中央本部の宣伝指導員になっても、結局は政治部の仕事から逃れることなどできないのだ、と私はひそかにおのれの運命を呪ったものだ。

祖国訪問団はそれまで新潟から船で本国とのあいだを行き来していたのだけれども、私が行った第四次のときにはじめて飛行機が使われるようになった。北京経由で平壌に向かったのだが、このときに垣間見た社会主義中国の荒廃ぶりには、つくづくガッカリさせられた記憶がある。その二年前の七六年に、中国の独裁者・毛沢東が死去し、一〇年にわたった文化大革命も終焉を迎えた。不毛の一〇年間を経て中国の国土は疲弊の極に達していた。

ＪＡＬかＡＮＡかもう忘れてしまったけれども、とにかく日本の飛行機で、夜、かなり暗くなってから北京国際空港に着陸した。飛行機の窓から見る中国の大地は闇に包まれ、ほとんど灯りというものがなかった。飛行場に降り立つと、寒々とした夜気と相まって寂寞感がいっそう募った。

宿は日本大使館に近い市内の建国飯店だったが、そこまでの道程がまた見窄《みすぼ》らしくて、この国の貧しさを痛感させられずにはいられなかった。首都だというのに道路はでこぼこの砂利道。夜は静まり返って、対向車さえほとんどない。

翌朝になると、中国の首都はその疲れ切った正体を如実にさらした。中国側がつけてくれたガイドの案内で、半日市内を見学したのだが、どこへ行っても一面灰色の荒涼とした風景であった。行き交う人々の顔にも生気がなく、しょんぼりとうなだれ、肩を落として歩いていた。街のそこここに鉄砲を担いだ兵士が、眉一つ動かさない能面のまま立っていた。まるで一戦あった後の戦場のようであった。

「これでも社会主義か……」

誰かが呻《うめ》くような声をあげる。

「いや、これは社会主義のせいではない。毛沢東の失政のせいだ……」

いちおう副団長である私は社会主義の肩をもってそう弁解しなければならなかったが、ショックを受けたのは私とておなじことであった。その二年ほど前に欧州を見た後だから、尚更だった。

そのとき、私は朝鮮総連が発行する北朝鮮のパスポートをはじめてもらった。金持ちの在日商工人グループ四〇人ほどを連れてユーゴスラビア、東ドイツなどの東欧諸国、それからオーストリア、スイス、イギリス、オランダなど、北朝鮮の旅券で渡航可能な西欧諸国を一カ月かけてまわった。いちおう、海外に投資先を探しに行くという名目の視察旅行であったが、実態は景気のいい商工人を募《つの》っての欧州大名旅行であった。このときもまた総務という名の小間使い役で、私は洋行団に加わっていた。ユーゴ、東独などの比較的豊かな社会主義国を見たせいで、私の受けた共産圏の印象は非常に好もしいものであった。すくなくとも東欧では、社会主義の矛盾は、まだ露呈していなかった。ユーゴスラビアのタクシーはみなベンツで、湖畔の避暑地には優雅な別荘が建ち並んでいた。湖に浮かぶ島にはヌーディスト・ビーチさえあり、そこにはたしかに自由が息づいているように見えた。そして、同時に感じたのは、急速に豊かになってゆく日本の経済であった。行く先々で日本人のツアー客に出くわさないことはなかった。事情は在日にとっても同様である。むしろ、在日の商工人たちはそれ以上の贅沢に慣れていた。どこに行ってもいちばんいいホテルに泊まるのだが、ホテルで出す最高級のステーキは固くて口に合わないと、商工人たちは一口噛《かじ》ってナイフとフォークを置いてしまうのだ。そうして、外の五ツ星レストランに電話して、特注で魚や海老を焼かせたりする。

そんな贅沢三昧の物見遊山の経験があったものだから、二度目の海外として目前にした中国の現実に、愕然とさせられてしまったのである。こんなものが社会主義国の首都であるはずはない——声にこそ出さなかったが、私自身、心中そう呟いていたのは事実だった。

(もしかしたら、平壌も……)

口にこそ出さなかったが、おそらく、他のメンバー全員はそう考えていたに違いなかった。

しかし、彼らの悪い予感は的中しなかった。

我々訪問団は、その日の午後、空港に迎えにきていた北朝鮮の高麗航空特別機に乗り込み、夕方、平壌郊外の順安空港に到着したのだが、平壌の街は整然と光り輝いていた。

このときの「感激」を、後に私は思想点検のために総連職員全員が書かされる「自叙伝」にこんなふうに書いている。

私は一九七八年にはじめて偉大なる首領様と敬愛する将軍様の手厚い配慮と愛によって、第四次総連支部職員訪問団の一員として、夢にまで見た社会主義祖国を訪問して感激と栄光の日々を過ごしました。

祖国の土にはじめての一歩を踏み出した瞬間、「偉大なる首領・金日成元帥万歳！」と声を限りに叫び続けました。

主体思想の輝かしい光は、全世界に光を振りまき、偉大なる首領・金日成大元帥様の啓示は、平壌中にひろがっているという感激の涙がしきりに流れました。……

いま読み返すと、思わず苦笑してしまう。これは、事実を五〇倍ほど拡大して大袈裟に述べたものだが、そうすることが思想点検をパスする唯一の方法なのだから仕方がない。

空港から市街へはおよそ四〇分ほどかかる。街路はすべて舗装され、道行く人々の表情も、心なしか希望に輝いているように見えたものだ。何から何まで北京とは正反対であった。我々はホッと胸を撫で下ろすと同時に、束の間揺らいだ社会主義への信頼をふたたび取り戻すことができたのである。

実際、この当時の北朝鮮は主にソビエトとのバーター貿易によって相当潤っており、共産圏のなかでさえ孤立を深めていた中国とは、比較にならないくらい国情も安定していた。もちろん、日本や前年に訪れた欧州諸国から見れば、発展の遅れは疑いようがなかったが、それがさほど気にならなかったのは、一にも二にも北朝鮮の周到な演出努力の成果である。北朝鮮にあって首都・平壌だけはきれいに舗装が行き届いている。ことに外国からの訪問客が通る道の両側は、先進国の首都に較べても遜色ないくらいの近代的なつくりであった。我々が約五〇日間をそこで過ごした平壌ホテルは、当時の最高級ホテルで、従業員の教育が行き届いているのは言うまでもない。裏町に入ってゆけば、きっと寂れた光景も見られたに違いないが、行動は極端に制限されていた。すなわち、当局が見ていいというもの以外は眼にすることができない決まりになっていたも同然であった。

これが、外国から誰か影響力のある人物が来るとなると、平壌の市民が総掛かりで演出に加わることになる。そのような人々が市内で子供たちの集団に出くわすたび、笑顔で手を振ってくれる。しかし、これも、彼らの乗る車が何時何分にそこを通るはずだという、念入りな計算のうえでそうしているのである。我々同胞ですら騙されてしまうのだから、何も知らない外国人が平壌を訪問して、いっぺんにファンになってしまったのも無理はない。あの国では、外国人訪問客が行く先々で、〝うれしい誤算〟や〝予想外の発見〟や〝思わぬ親切〟にふれるのが決まりになっている。しかし本当を言えば、自然現象を除いてあの国には「偶然」や「ハプニング」など存在しないのである。あるのはすべて周到な計算に基づいた演出だけだ。もちろん、現在ではそう簡単に騙される馬鹿はほとんどいないが、当時は日本の名だたる文化人やジャーナリストもこの単純な猿芝居にひっかかっていた。

さて、平壌に到着した総連支部代表団が何をやっていたかといえば、市内見学、そして開城や金剛山などの名所巡り、それからホテルに一週間ほど閉じこもりっきりの思想教育を受けていた。毎日、午前中はホテルの講堂に集められ、ここでもやはり『パルチザン回想記』や『人民たちのなかで』を読まされたようだ。ようするに、〝偉大なる首領様〟がいかに偉大であるかを馬鹿の一つ覚えみたいに繰り返し叩き込まれ、午後は午後で相互に批判しあったようだが、詳しくは知らない。与えられた学習内容は、私一人だけまったく別なものであったからである。

## 招待所の秘密教育

平壌到着翌朝。

朝起きて、私と代表団の他のメンバー数人は、北朝鮮側の案内人といっしょにホテルの側を流れる大同江の川縁を軽く散歩した。平壌ホテルは、平壌駅から大同江へ向かう栄光通り（旧スターリン通り）のいちばん端にあった。これが平壌の目抜き通りである。道路の向こう側は平壌大劇場であった。

ホテルに戻って朝食をとっていると、案内人が私の傍らにやってきて「中央党からのお呼び出しです」と小声で囁いた。いったん自分の部屋に戻って大慌てで支度し、エレベーターで一階に降りると、正面玄関のところに見るからに値の張りそうな大型のベンツが横付けされていた。しかもナンバープレートの数字のまえに星印のついた「星付きナンバー」である。幹部専用車であることは間違いなかった。

「中央党副部長の命令でお迎えにあがりました」

と、運転手が言う。

私は後部座席に乗り込んだ。

「いったい、どこへ行こうというのですか？」

おおよその見当はついていたが、ひとまず私は訊ねた。

「中央党の招待所です。何のためかは、私も訊かされておりません」

とだけ、運転手は言った。

ベンツは空港と市内を結ぶ幹線道路を空港のほうに引き返した。空港の側まで来ると、左に折れて山のなかへ入っていった。そこに朝鮮労働党総連指導課の招待所がある。

森のなかにあったのは、木とレンガを組み合わせた凝ったつくりの、なかなかに優雅な二階建ての建物だった。たしか、四つか五つの部屋があったと思う。普段は中央党の幹部たちが宴会を開いたりするのにも使われるらしい。

出迎えてくれたのは、清楚な制服に身を包んだ若い美女であった。屋内には彼女のような女性がもう三、四人いた。彼女たちがこの招待所を管理しているらしかった。

党の招待所はどこでも、全国から集めた選りすぐりの美女たちを侍《はべ》らせている。党の幹部がくつろぐには、美女の接待が不可欠というわけだ。他に招待所専属の腕利きの料理人が一人と掃除女が何人か。他に招待所の警備にあたる番兵が二人か三人いたように記憶している。金日成や金正日が使う特別の別荘には百人単位の護衛兵がいるそうだが、党幹部たちのための平均的な別荘はだいたいそんな程度であったと思う。

そこに、私に特別教育を課すために毎日通ってきたのが、中央党の3号庁舎担当副部長であるというわけなのだった。

毎朝、「星付きのナンバー」のベンツに乗って彼はやってきた。ひさしを下げるとすっぽり顔の隠れる、大ぶりな布の鍔《つば》のついた鳥打ち帽を常に被っていた。

*

「まず、(韓国に)地下党を組織して革命運動の指導をもって確固不動性を堅持し、まず敵の探索と工作から自分を防衛し、どんな環境でも南朝鮮地下党活動家らの安全を保障しなければならない。……」

講義はそのようにしてはじまった。

副部長は五〇代初めに見えたが、軍服の下に盛り上がった筋肉のせいで、首から下は二〇代か三〇代のようであった。その体つきが特別な訓練を受けたものであることを何より雄弁に物語っていた。朝鮮人民軍の特殊部隊の出身で、かつては朝鮮戦争で闘い、その当時は朝鮮労働党の特殊工作機関である3号庁舎に所属していたということがすでにわかっていた。相当なインテリでもあるらしく、日本語、ロシア語、中国語と、三つの外国語をぺらぺらと喋った。もっとも、私の能力ではどの程度「ぺらぺら」なのかを確認できたのは日本語だけであったが、その日本語はたしかに見事なものだった。

「在日活動家と地下党活動家がみずからを防衛し、安全を保障するためには、敵の政治・警察の策動を克服することができる条件を整えなければならない。……」

党の副部長ともあろうものが、私のような下っ端の総連活動家を直々に指導しようというのだから、この時期、北朝鮮が日本への密航ルートを確立するのにいかに必死になっていたかがわかろうというものだ。

「秘密工作は、まず、活動家の党と首領に対する忠実性、革命事業に対する高い責任性と情熱をなくしては考えることはできない。……」

講義は副部長が一方的にノートを読み上げるだけの形式で進行した。私はといえば、副部長の口からぼそぼそと漏れる言葉を、一つでも逃すまいと必死でメモをとるのである。

「秘密工作は敵の包囲のなかで生活し、事業する技術であり、敵と闘争する技術である。……」

しかし、このように、講義のなかには具体的な工作の話は一切出てこない。ただ秘密工作活動をおこなうにあたっての心構えと基本原理を、ひたすら学ぶのである。

「秘密工作とは、敵の策動を克服する行動技術である。敵を具体的に調査して正確に把握していればどんな複雑な環境でも自信のある行動ができる。……」

こんなふうにして、午前中の講義は終わる。そして、昼飯ということになるのだが、ここで出される食事がまことに結構なものであった。総連指導課の招待所であるから、日本から首領様へと送られてくる高価な食材が山ほど流れてくる。それを使って腕自慢のコックが、鯛の刺身からフランス料理のフルコースまで何でもつくった。その豪華さたるや、北朝鮮随一の平壌ホテルのレストランで供される料理を遥かに凌いでいた。

そのうえ、昼間から酒まで振るまわれる。朝鮮総連は、金日成の機嫌をとるため、ワインでもスコッチでも、世界各国の高価な銘酒をありったけ北朝鮮に運び込んでいた。そのおこぼれが、倉庫のなかにうなるように貯えられていたのである。なぜ、このような重要な場面で副部長が酒を出したのかはわからない。日本からはるばるやってきた朝鮮総連の若者をねぎらってやろうとか、党幹部に会って緊張している青年をリラックスさせてやろうと考えていたのではないことだけは確かだった。もしかしたら、私が酒を飲んで乱れたり、口が軽くなったりするタイプかどうかを見極めようとしていたのではないかとも思うが、よくわからない。

高級酒でほろ酔い気分になったところで、午後の授業がはじまる。ここから具体的な工作活動についての打ち合わせに入るのである。午前中の講義とは違って、ここでは一切メモをとることを禁じられた。万が一にも証拠を残さないようにするためである。

「君が送ってくれた日本海沿岸の地図は見やすくてよかった。君が書いてくれた説明も的確でわかりやすかった」

と、まず、副部長は私が送った地図のことを褒めてくれた。

それから私たちは、私がつくった三八カ所の着岸ポイントについて、一つ一つ具体的な検証をおこなった。副部長の手元には、私がすでに送った二十数カ所の海岸地点の赤外線写真があった。私も、日本から持参してきたまだ未送付だった十数カ所の写真を取り出した。

「よく一人でこれだけの拠点をつくれたものだ。君の努力は党のほうでも非常に評価している」

副部長は、私が封筒から取り出した新たな写真に眼を凝らしながら私の労をねぎらった。そして、一枚一枚の写真に、「この場所は砂浜から近すぎて危険だ」とか「この地形は岩の並び方が複雑で理想に近い」とか「ここに釣り人の姿が見えるじゃないか。こんな場所は論外だ」などと評価をくだすのだった。

こうしてようやく長い一日が終わった。

それから毎朝、およそ一週間のあいだ、私だけが「星付き」のベンツに乗ってどこかへ消えてゆくのだから、他のメンバーの不審を買わないわけはなかった。しかし、そのことを私に訊ねてくる人間は一人もいなかった。それは訊いてはいけないことだと、誰もが暗黙のうちに了解していたのだ。我々同胞のあいだには、そういう「あ・うん」の呼吸のようなものがある。

＊

さて、第四次祖国訪問団の副団長として祖国を訪問した私には、もう一つ、私的な仕事があった。清津に住んでいる妻の父親を訪ねて安否を確認してくる、という役目である。

妻から聞かされた話によれば、総連による「地上の楽園」宣伝を無邪気に信じた義父は、家族全員の反対を押し切り、下の息子と娘を連れて帰国船に乗ったのだという。住所からすると、咸鏡北道の清津という東北の港町に近い農村に暮らしているはずであった。

祖国訪問も終盤となったある週末、私は平壌駅から一人で汽車に乗り、清津の駅を目指した。案内人がいっしょについていってやろうと言ってくれたが、煩《わずら》わしいので断った。それに、平壌から清津までは一本の鉄道でつながっており、乗り換えなしで行けたから難しいことは何もなかった。私は招待所にいくらでもある党幹部のための酒や煙草を詰められるだけ鞄に詰めて列車に乗り込んだ。

夜の八時ころ平壌を出発した列車は、翌朝の七時ころ清津駅に到着した。

車窓から覗くと、真っ暗なプラットホームには、それぞれの家族や知人を出迎えるため、人々が群をなしていた。

私はパンパンに膨れ上がった重い鞄を提げて、その車両でいちばん最後にホームに降り立った。幾組もの家族や恋人たちが抱き合って久々の再会をよろこびあっていた。

「日本からいらっしゃった方ですか?」

と、そのとき、私に声をかけてくるものがあった。

みなとおなじように人民服に身を包んではいるが、どことなく風体がこざっぱりしている。

「帰国者の方ですか?」

私もそう問い返した。

「ええ。栃木県に棲んでいました」

その言葉が、狭苦しい列車の寝台で一夜を明かし、まだ目覚めきっていない私の脳のどこかを微妙に刺激したらしかった。

過去が現在と重なり、すべてが明瞭に甦《よみがえ》ってきた。

「……賛吾じゃないか……」

相手の表情がみるみるうちに崩れてゆくのがわかった。

「光熙……！」

まったく、奇跡的な再会であった。

金賛吾が清津にいるのは日本で調べてわかっていたから、義父を訪ねたついでにどこかで会えないものかと考えてはいたが、連絡をとっていたわけではなかった。こんなところで偶然出会えたのはまさしく奇跡というほかなかったが、驚いたのは私以上に賛吾であった。すべての情報から隔絶された北朝鮮という国で、日本からの訪問団が平壌に来ているのだなどと知り得ようはずもない。そしてその副団長が私で、清津にいる義父を訪ねて早朝の列車から一人降りてこようなどとは、どんな想像力豊かな小説家でも想像だにできなかったに違いない。

私たちは駅のベンチに座り込み、お互いの肩を抱き合った。お互い、しばらくは声も出ないほど興奮していた。

すでに二〇年近い歳月が流れたのだから、少しは老け込んでいたのはお互い様だ。しかし、昔と較べるとやや痩せてはいたが、見れば見るほど、その面影は賛吾だった。私が総連活動家になったこと、祖国訪問団の副団長として来ていることなどを話すと、「俺はいま党の地方組織の仕事をやっている」と、賛吾は言った。

「党員に取り立てられたのか。すごい出世じゃないか！」

私が驚くと、賛吾は少し照れた。

実際、帰国者で労働党員になれる者などほとんどいない。総連の有力者の一族であるか、よほど金持ちの在日の子弟で親が巨額の献金をしたかでなければ、なれないはずであった。賛吾の場合はそのどちらでもなかったから、それだけ忠誠確実、能力優秀と認められたのだろう。しかし、賛吾は多くを語らなかった。とくにこの国での生活については何も語らなかった。泥だらけで穴さえ開いた賛吾の革靴を見れば、その暮らしぶりが楽ではないのはわかったが、労働党員たるもの、口が裂けても祖国に対する不満を言うわけにはいかなかったのだ。

名残り惜しくはあったが、私は私で、義父の家に向かうため、党が差し向けてくれた車が駅の外に待っていた。私は、鞄のなかにあった酒を二本と党幹部が吸う高級煙草を何箱か賛吾の手に握らせて立ち上がった。

「明後日の午後、またこの駅に戻ってくる。そのときに会おう」

そう約束したのだが、約束の時間に賛吾が現れることはなかった。

これが、私と私の親友が北朝鮮で旧交をあたためあった、最初で最後の時間である。

## 光州事件のころ

八〇年五月、南朝鮮の全羅南道光州市で、数百人の死者を出した光州事件が起きた。

軍閥政治に反抗する学生を中心とした若者たち数万人が、五月一七日に光州でいっせいに蜂起してデモ隊を組んだ。デモは数日間で全羅南道全域に拡がり、約二〇万人の市民が参加したという。

この当時の南朝鮮は、まだまだ民主主義にはほど遠い軍事独裁の専制国家であった。デモ隊を鎮圧するために出動した戒厳軍は、容赦なく市民に銃口を向け、戦車で轢き殺した。そして、国軍が一般市民に銃を乱射したこの血腥《なまぐさ》い事件のニュースは、電波に乗ってたちまちのうちに世界中を駆け巡ったのだった。

南朝鮮に潜り込ませていた学生スパイたちを通じて全羅南道に暴動の匂いを嗅ぎつけていた我々朝鮮総連は、親交のあった日本の左翼系映画人たちをソウルに派遣していた。入国許可の下りない我々に代わって、いったん事が起これば細大漏らさずフィルムに収めてもらうよう依頼した。

我々の予感は的中した。彼らが入った数日後に勃発したのが、光州事件だったのである。韓国の治安当局は暴動と鎮圧の現場を外部から遮断しようと極端な戒厳態勢を敷き、一般市民が入れないよう、光州を封鎖してしまった。

あらゆるメディアが厳重に遠ざけられた。とくに、外国のマスコミに対しての警戒は厳しかった。しかし、それでも我々が送り込んだ映画人たちは果敢であった。虐殺の現場にかなう限り近づき、生々しい映像を送って寄越したのである。

数人の同僚たちといっしょに、中央本部の会議室に映写幕を張って私は韓国から送られてきた映像に見入った。血を流し逃げまどう市民たちの悲痛な姿を目の当たりにして、南朝鮮当局の蛮行に激しい怒りをおぼえると同時に、これは南朝鮮の悪宣伝をおこなうまたとないチャンスだ、と我々宣伝局活動家たちは考えていた。その翌週からはもうキャンペーン活動がはじまっていた。

*

私が見つけてきたのは、二人のアメリカ人青年だった。

当時、朝鮮新報社で働いていた友人の金英哲《キムヨンチョル》が紹介してくれたのである。この男は英語が堪能で、諸外国の文献によく眼を通していた。とくに軍事問題に造詣が深く、現在はアメリカに住んで北朝鮮を巡る軍事情勢について何冊もの本を出版している。その当時は、たしか朝鮮新報日本語版の副編集長か何かをやっていたと思う。

二人のアメリカ人青年は在韓米軍の別働隊に所属しており、事件勃発当時、光州にいて虐殺の現場をつぶさに目撃したという。二人ともまだ二七、八で、ユタ州の出身だと言っていた。背の高い紅顔の美青年たちだった。我々が韓国から送られてきたニュースフィルムを見せると、現実はこんなもんじゃない、と彼らは大きく手を振った。

「これは真実のごく一部にすぎません。現実はこんなものじゃなかった。軍隊によってもっと沢山の人々が、道路に出てきた雨蛙みたいにいとも簡単に殺されていったのです……」

金英哲の通訳を介して二人は言った。

これは滅多に見つからない、上玉の証言者である。

政治的には敵対どころか、南朝鮮と同盟関係にあるアメリカ軍の関係者が、南朝鮮政府は自国民に対して残虐な弾圧を強《し》いていたと証言しているのだ。

およそ三カ月かけ、全部で一五、六カ所になったと思う。我々はこの二人の青年を日本全国に引き回し、講演会をおこなった。記録フィルムを同時上演し、南朝鮮当局の蛮行を白日の下にさらけ出したのであった。北でも南でもない、第三者の外国人が証言するのだから説得力がある。講演は大好評を博した。二人は青年らしい純粋な正義感に燃えていたのだろう。米軍当局に知られたら厳罰に処せられるだろうことを自覚しながらも、我々のキャンペーンに参加してくれた。

彼らはその後帰国し、現在にいたるまでペンタゴンに勤務していると聞く。

＊

八〇年代の前半から中盤にかけては、朝鮮総連にとって、もっとも安定感に満ちた時代だったといえる。

謀反を企んだ金炳植はとうの昔に消え去り、韓徳銖議長と朝大学長出身の李珍珪第一副議長の指導のもと、組織も盤石だった。商工人たちはますます力をつけ、全国の朝銀信用組合の総預金量は一兆円に届こうとしていた。

本国では八二年に金日成が七〇歳の誕生日を迎えたが、このとき、総連は約五〇億円を使って中国でありとあらゆる食品や雑貨を買い集めた。買い付けをおこなったのは、直営商社の東海商事だった。これらの品々が、金日成の誕生日に首領様からの施し物として北朝鮮の人民に配られたのである。本国にとって総連は、まさにカネの成る木か打ち出の小槌といっていい存在になっていた。

このころ、私の主な仕事は、各地の同胞たちのあいだをまわって講習会を開くことであった。

光州事件に対する南朝鮮当局糾弾キャンペーンはその一環といえた。平時におこなっていたのは、同胞講座といわれる勉強会である。歴史講座や経済講座などの名目で、それぞれに適した講師を呼んで全国を巡回していた。

なかでも朝大の歴史学教授による渡来人秘話のシリーズは好評であった。彼は、過去、朝鮮半島から日本列島に渡った渡来人たちの数千年の歴史を調べ上げ、日本の天皇家や豪族たちの多くが渡来人の血を継いでいるという自説を展開した。日本各地で発掘された古墳からの出土品などを丹念にカメラに収め、それらの品々が朝鮮文化といかに深くかかわっているかを詳細に報告した。また、日本の古代の文化、たとえば万葉集はじつは朝鮮語と日本語の両方の言葉で解読できることなども発表して我々を驚かせた。おそらく彼の研究成果は正しかったのではないか、と私は現在でも思っている。いまだ日の目を見ずにいるのがまことに残念だ。

経済講座に、焼き肉のタレで有名なモランボンを擁するさくらグループの総帥、全演植《キムヨンシク》を招いたときも評判がよかった。総連系屈指の有力企業であるモランボンの社長から金儲けの秘密を聞きだそうと、各地の商工人たちが我先に集まってきた。

こうして、全国をまわるのだが、私の仕事は別にもあった。相も変わらず、極秘に出入国する人々の送迎である。何かと理由をつけては講座の途中で抜け出し、私は姿を消した。

この当時は主に総連組織の活動家や同胞のシンパを北朝鮮に送り出していた。年間二〇〜三〇人ほどを夜陰に紛れて船に乗せていたと思う。彼らは日本国内でさまざまな特殊任務に携わる人々であった。日本での研究成果を北朝鮮に報告し、向こうで三、四カ月の秘密教育を受けるために出国するのである。二〇代の若者から五〇代の学者まで、じつにさまざまな人々を送り迎えしたことを記憶している。福井の東尋坊の側の海岸で、荒波にさらわれて岩場に叩きつけられ、顔面に大怪我を負ってしまった大阪の活動家もいた。

それらの人々のなかには、日本の大学で教えている科学者が複数いた。もちろん、彼らは自身の任務の内容を私にさえ言わないが、狭い旅館の一室で酒を酌み交わし、まっくらな海岸を二人で歩いたりするのだから、仄《ほの》めかしはする。どうやら彼らの専攻は生物や化学であるようであった。それらの専門知識を本国に持ち帰っているようであった。もしかしたら、北朝鮮の生物・化学兵器の開発に一役買っていたのではないかとも思うが、むろん、これは私の推測である。

# 第四章　朝鮮総連の錬金術と闇の送金ルート

1987年11月29日、バグダッド発ソウル行きの大韓航空機を爆破した北朝鮮の工作員「蜂谷真由美」こと金賢姫

## 九月マルスム

「韓光熙を呼べ」

そう言ったのは、第一副議長の李珍珪だったらしい。

八〇年代も半ばにさしかかると、総連指導部にとって好ましくない兆候が首をもたげていた。このころ、組織の体制は盤石で政治的にはかつてなく安定していた朝鮮総連だったが、不安材料がないわけではなかった。同胞の商工人たちが以前のように気前よく寄付してくれなくなっていたのである。とき、まさにバブルの入り口。誰もかれもが儲かって儲かって、笑いが止まらないはずであったのにも拘わらず、である。

理由は簡単であった。祖国愛に燃えた在日一世たちが現役を引退し、現実主義者の二世、三世たちが商工人の中心になっていたからだった。祖国のため、社会主義建設のためだといっては組織に言われるままに大金を差し出した一世たちと違って、たとえ兄弟が北朝鮮に帰っているとしても、二世や三世はきちんと納得できる理由がなければカネを出さない。北朝鮮に帰った自分の親兄弟に直接手渡すカネはあっても、組織に対する献金は出さない。資本主義の現実のなかでも、もっとも現実的な商売の最前線で生まれて育ったのだから、それも無理のないことかもしれなかった。彼らは朝鮮総連の商工人として祖国と首領に絶対の忠誠を誓いはしたが、口で言うことと財布の紐は別だった。父親が死んだからと言って総連を脱退する人間も続出しはじめた。

全国の商工人から献金を募る隠れ蓑として、もっとも有効に利用されていたのが、金剛山歌劇団の公演だった。金剛山歌劇団は毎年のように北朝鮮に行って、祖国の万寿台芸術団と合同練習をおこない、新しい楽曲や歌劇を仕込んで帰ってくる。そして、全国をまわり、各地の同胞の前でそれらの新作を披露するのである。八〇年代のその当時は、年間二〇〇～二五〇回くらいの公演をこなしていたはずだ。二〇〇人からの団員を抱える大所帯だから、歌劇団の運営には莫大なカネがかかる。チケットの販売だけではとても足りないから、地方公演のたび、行く先々でその地方の商工人から寄付を募《つの》っていた。

そして、朝鮮総連が金剛山歌劇団を使って全国の有力商工人から組織的に献金を募るのは、年に一回東京のコマ劇場や厚生年金ホールで開かれる無料リサイタルのときだ。

毎年、秋の深まるころ、全国に散らばっている二〇〇〇～三〇〇〇人ほどの金持ち同胞に無料招待券を送り、リサイタルを観に来てもらう。しかし、無料とはいっても、じつはタダではないのである。商工人たちは、無料招待券を貰ったお礼に、のし袋に包んだ手形を持ってくる。手形には、数百万円から二〇〇〇万円～三〇〇〇万円ほどの数字が書いてある。受付のところには芳名帳がおいてあって、そこに住所と名前のみならず、持参した手形の金額も書き入れなければならないから、体面を保つためにもそうそうケチってはいられない。それに、受付の女の子の横にはたいてい総連の幹部が座って眼を光らせているから、下手に半端な額で誤魔化《ごまか》すこともできないのである。

この一回の公演で、例年、一〇〇億円以上の献金が集まった。

このカネが、中央本部や地方本部、民族学校などの運営費、人件費にまわされていたのである。しかし、八〇年代も後半に入ると、このような献金の額が眼に見えて減っていった。

第一副議長が私を財政局に呼べと言ったのは、中央本部のなかで誰よりも私が地方をまわって新世代の商工人たちと会い、その代表団を連れて何度も祖国訪問していたからであった。当時、旧《ふる》くなった中央本部を建て直すため、総連中央は巨額の資金を必要としていたのだった。

＊

八五年の四月、私は総連中央財政局の第二副部長に任命された。財政局第二部は、主に朝鮮総連の直営事業体を司る部門である。

ほぼ同時期に、北朝鮮から金日成のマルスムが届いた。ここで朝鮮総連は大きな方向転換を迫られることになる。

マルスムというのは、朝鮮語で一般に「お言葉」とか「教え」とかいう意味である。しかし、朝鮮総連でマルスムといえば、これは直ちに「偉大なる首領・金日成同志と親愛なる指導者・金正日同志の教え」ということを意味する。さらにつけ加えれば、厳密には北朝鮮で「教示」といえば金日成の教えのことだけを指し、金正日の教えは「指示」と呼ばれるが、在日のあいだでは双方とも「マルスム」といっしょくたにされることが多い。

金日成のマルスムは祝電で届いた。八五年五月二四日、十条の朝鮮文化会館でおこなわれた朝鮮総連結成三〇周年記念式典で、「偉大なる首領様」の祝電が読み上げられた。マルスムのなかで金日成は、在日商工人を「総連の基本群衆」「愛国事業の主人」と呼び、商工人重視の姿勢を打ち出した。それまで総連という一つの世界のなかでいちばん末席に位置づけられていた商工人たちが、一夜にして「主人」となったのである。これによってさくらグループの全演植（当時の朝鮮商工連会長）、朝鮮画報社の文東建《ムンドンゴン》が総連の副議長に就任した。その後、これまで政治一辺倒だった総連の活動も大きく方向転換し、活動の中心が徐々に経済に移行してゆくことになる。宣伝部の指導員だった私が財政局へ引っぱられたのも、この一連の流れのなかでのことであった。

朝鮮総連中央本部は、別名「朝鮮会館」と呼ばれる。すでに述べたとおり、それまでの朝鮮会館は五階建てだったが、組織の規模も大きくなって手狭になってきたので新会館を建築しようという計画が持ち上がった。言い出しっぺは、韓徳銖議長と全演植副議長であったと思う。新会館は地上一〇階・地下二階という巨大なビルディングになるはずだったが、たしか総工費の見積もりは数十億円でずいぶんと安くしてもらった。建築にあたったのがそれまでいくつも学校の建設を頼んでいた大成建設だったから、無理を言ってまけてもらったのだ。

朝鮮人は気が早い。計画が持ち上がった翌月くらいから、もう旧会館の取り壊しがはじまっていた。それからは突貫工事である。富士見町の中央本部に解体屋のパワーショベルが入り、旧会館をあっという間に粉みじんにしてしまった。

私は私で、地方まわりや祖国訪問団で親交を深めた方々の商工人たちに片っ端から電話をかけ、全国をまわって新会館建設のための寄付を募った。このころ組織への献金に渋くなっていた同胞商工人たちではあったが、中央本部を建て直すということになれば話は別だ。五〇〇〇万、一億と、各地から続々と寄付が集まった。紫色の風呂敷にくるんだ札束を手渡してくれたパチンコ屋の親父もいたし、いま手持ちの現金がないからと言って手形を切ってくれた焼肉屋の社長もいた。引き替えに、たしか「新会館建設委員会」名で発行した領収書を返した記憶がある。集めた現金や手形は後生大事に鞄に詰めて東京の中央本部へと持ち帰った。

ほぼ一年間というもの、そんなふうに全国を駆けずりまわってせっせと中央にカネを運んだ。総工費のうち三分の一くらいは私が集めたカネだったのではないかと思う。地方から帰ってくるたび、工事中の新会館はすこしずつ階を殖やしていた。

*

新会館建設事業の陣頭指揮をとったのは、その当時事務総局の副総局長をやっていた許宗萬《ホジョンマン》であった。現在の責任副議長である。八六年に新会館が完成したころには、財政担当副議長に就任していた。

許宗萬は総連の外交部門である国際局の出身で、日本の政治家たちとさかんに交際していた。はじめのころは社会党の田辺誠、それから自民党の金丸信、後には自民党の野中広務や山崎拓、加藤紘一らととくに親しくしていた。このころ急速に力をつけてきたのは、なんらかのかたちで本国の「唯一後継者」である金正日の強力な信任を得たからだったに違いないが、それがどのような術《すべ》だったのか、本人は言わない。ただ、弁舌が巧みで、権力者に取り入ることにかけては天賦の才を有しているのは確かだ。金正日には、私邸に招かれるほど気に入られていた。本人も

「唯一後継者」の機嫌をとりむすぼうと、祖国訪問のたび、金正日の子供たちのためにデパートで洋服を買ったり、銀座の千疋屋で最高級のメロンを買わせて運んだりしていた。

八六年九月二五日に完成した新会館はさすがに威風堂々としていた。この日、韓徳銖のテープカットで竣工式がおこなわれ、中央本部職員全員で会館の完成を祝った。朝鮮新報に載った韓徳銖の表情は得意満面である。

一〇階建てビルの最上階はペントハウスのようになっていて、ここは韓徳銖議長の専用フロアである。九階は李珍珪第一副議長をはじめとする三人の長老級副議長の部屋と特別な客を招く応接間、そして、残りの副議長の部屋が八階にあった。また、八階には彼ら朝鮮総連最高幹部のボディガード兼運転手を務める若い随員たちが待機する部屋もあった。どの階にどの部署を配置するかをほとんど一人で決めたのも、許宗萬だった。

私の仕事場となった財政局は、四階のフロアを教育局、社会局と共用していた。他に、すべての総連職員が利用する食堂もこの四階にあった。財政局の入り口はカウンターになっていて、総連の各局はここで諸経費を清算し、毎月の給与を受け取る。

その奥が二部屋に分かれていて、向かって左手が財政局第一部、右手が第二部だった。第一部は朝鮮総連全体の一般会計を担当する。カウンター席に座っているのも、第一部の職員である。総連職員全員の給与は毎月この第一部で袋詰めにされ、現金で支払われている。

第二部は直営事業体の管理をやっていたが、後になっておなじ部屋のなかに第三部をつくった。これによって第二部が直営パチンコ店など新規事業の指導を、第三部が金剛山保険や貿易会社など既存事業の指導を、というように役割分担ができた。

第一部の部屋の奥に、大人の男が両手を拡げて直立したますっぽりはいれるくらいの巨大な金庫がある。総連は何かの場合に備えて、常にこの金庫のなかに相当額の現金を用意していた。

*

その新会館が竣工するちょうど一〇日前、八六年九月一五日に今度は金正日からマルスムが届いた。前年五月に下された金日成のマルスムをさらに具体化したものである。マルスムのなかで金正日は、総連があくまで組織としての自立性を保つためにも、経済的に自立できていなければならない、と言った。それまでも総連のなかには東海商事、朝・日輸出入商社などの五大商社をはじめとするさまざまな事業体があったが、もっと活発に企業活動を展開してゆかなければならないと説いたのである。

この「九月マルスム」は総連にとって、一つのエポックメイキングな出来事と言ってよかった。それまで総連活動家たちには、朝鮮総連は政治団体であり、商売をやるのは格下の一般大衆というような意識があった。いくら商工人が「愛国事業の主人」だといっても、組織の役割はそれを上から管理することであるくらいに思っていた。ところが、組織が率先して商売をやれ、と本国が言う。我々は面食らったが、敬愛する「親愛なる指導者同志」の命とあらば従わないわけにはゆかない。朝鮮総連は戸惑いながらも、未知の領域に足を踏み出していったのだ。

＊

さて、どんな商売をはじめようか。

総連財政局は、マルスムが届いたその日から年末にかけて、連日のように鳩首会議を開いた。中心になったのはその年から財政担当副議長に抜擢された許宗萬である。

中央本部四階にある財政局の会議室に集まったのは、許宗萬以下、一二、三名の財政局関係者だった。許以外に主だったメンバーは、当時財政局長だった崔秉祚《チエビョンジョ》、副局長であった康永官《カンヨングァン》、第三部長だった李という男、それから第二副部長だった私である。その後、このメンバーが財政委員会と呼ばれるようになる。「親愛なる指導者同志」の期待に応えようと、全員が意気盛んだった。

「パチンコをやりましょう」

と言ったのは、私だ。

それは日本人の参入が難しい、我々在日がもっとも得意とするビジネスの一つであった。経営のノウハウを提供してくれる人間はいくらでもいるはずだ。しかも、小資本で開業でき、スタートと同時に現金収入が手に入る。

「それがいい」

手を打ってうなずいたのは、許宗萬だった。

「しかし、組織がパチンコをやるとなると同胞のパチンコ業者からの反発が激しいのではないか」

そう危惧したのは崔秉祚だったと思う。

「だから、同胞の業者がいない場所を見つけて大型店をつくればいい。なるべく郊外の、同胞が棲んでいない場所を探そう」

と、私は言った。

これで大方の方針は決定した。

## パチンコ事業に乗り出す

翌週からの会議で、具体的な計画が次々と決定されていった。

「パチンコ店経営で重要なのは一に人、二に立地です。その店の店長の才覚次第で、ホールは流《は》行《や》りもするし廃《すた》れもする。事業を成功させるためには、まず優秀な店長を育成することです」

実家がかつてパチンコ屋をやっていたことと、地方をまわって数多くのパチンコ店経営者たちの相談に乗った経験から、私はそう進言した。

なるほどもっともだ、ということでこれが聞き入れられ、翌年から八王子にあった朝信協学院に約一年の特別コースが設けられるようになった。朝鮮総連主宰による〝パチンコ店長養成講座〟あるいは〝パチンコ経営セミナー〟である。

課目の設定から講師の人選、これと見込んだ講習生の面接まで、人材の育成は一から十までですべて私が陣頭指揮をとった。私自身は商売の経験など一つもなかったが、半年ほどのあいだというもの、本を読んで必死に勉強した。朝大で経済学を教えていた金容玉《キムヨンオク》と組んで、大学の経営学講座にも負けないような緻密なカリキュラムをつくった。とくにマーケティング分野に関しては、アメリカから最新の学問を援用して、客の心理から経営者の陥りやすい罠、事業規模と利益率の関係、アンケートの取り方などを網羅したテキストを作成して、これを講習生たちに配った。

そして、その年から毎年、朝鮮大学校に行って優秀な最終年次生一五人ほどをスカウトしてくるようになった。彼らは朝信協学院に泊まり込みで一週間、まずは経営学の基礎的な学習からみっちりと講義を受ける。そして、その後はそれぞれ指定された各地の総連系パチンコ店に出向き、約三カ月のあいだ、住み込み店員として実地の訓練を受けるのである。

講習生たちは流行っている店で繁盛の秘訣は何か、机上では絶対に学べない成功のノウハウを身をもって学んでくる。逆に経営が思わしくない不人気店に行き、その店がなぜ流行らないかを研究してくる者もいる。実習生たちに支払われる給料から天引きして講義にかかる経費も賄えたから、一石二鳥であった。

そうして、三カ月後に彼らはふたたび朝信協学院に戻り、お互い持ち帰った成果を発表し、討論し合うのである。

さらに専門知識の勉強。再度泊まり込みの集中講座だった。クギの調整の仕方から従業員のマナー教育、果ては税務署対策まで、パチンコ店経営のための実務知識を、経験豊かな講師を多数招いて彼ら将来の店長候補に徹底的に叩き込んだ。講師のなかには、パチンコ店経営に長年携わっている実際の企業家もいたし、プロの釘師もいた。釘師の指導で、実際にトントンと釘を叩いて、微妙な調整を自分の手の感触で覚えるのである。後になって、これにCRロムを扱うためのコンピューターの勉強も加わった。

こうして一年経つころには、誰もがパチンコ店経営に関してプロ並みの知識を持つようになっていた。私が直接手がけた初期の段階で、三五名くらいの店長候補がコースを卒業していったはずだ。

＊

次に出店地域の決定である。

日本にはおよそ七〇万人の在日同胞が存在しているが、総連系の少ない地域といえば第一に東北地方だった。調査の結果、なかでも総連系パチンコ店が少ないのが山形県であることがわかった。

今後の総連の財政を担うことになるかもしれない一大事業である。第一号店で躓《つまず》いてしまったのでは今後の志気にかかわる。財政局第二部で部下だった白《ペク》（仮名）を連れ、八六年の終わりから約四カ月間、私は東北地方のビジネスホテルを泊まり歩いて入念に土地の品定めをした。白地図上にめぼしい土地をいくつか選んで候補を挙げ、実地に見聞して周囲の条件を見るのである。最初に眼をつけたのは、山形県新庄市の田園地帯だった。借りてきた車を白に運転させ県内をまわっている途中、市の中心部から三〇分ほど離れた田圃のなかに、幹線道路に隣接した空き地を見つけた。

「ここだ。ここがいい」

白に車を停めさせると、開口一番、私は言った。

「へっ!?　こんなところにですか?」

拍子抜けしたように白が言った。

「田圃だらけで、人っ子ひとり棲んじゃいないじゃないですか」

白が驚いたのも無理はなかった。その後めずらしくなくなったが、当時はまだパチンコ屋というのは市中の人混みのなかにあるのが普通であった。

「なに、棲んでなくたっていいんだ。ここは車の流れがすごくいい。地方の人間はみんな車を持っている。それに地方は娯楽が少ないから、駐車場を完備してやれば、車で遊びにくる」

それが八七年の三月ころだったと思う。

この場所がよいと決まれば、あとは突貫工事である。何度も言うようだが我々は気が早い。パチンコホールを何軒も手がけた建設業者を急《せ》かしに急かして、翌月には大型駐車場を備えた二階建ての巨大なホールが完成した。それが新庄市にいまもある「パチンコ・ジャンボセブン」である。店長は、セミナーを終了した第一期生のうち一番年長だった申《シン》（仮名）という男にやらせることにした。

私の狙いは的中した。

ジャンボセブンは開店早々から大当たりした。新庄市だけでなく、他の市町村からも続々と客が詰めかけ、駐車場に入りきらないほどであった。この店が、後に全国的に大流行した郊外大型パチンコ店のはしりとなったのである。パチンコ台は二〇〇ほどで、初年度の売上げが二億か三億あったと思う。都会に較べれば土地はタダのようなものだったから、面白いくらい儲かった。

店長に任命した申は、なかなか優秀な男で、余所《よそ》の店をよく観察して地方の客の特性を摑《つか》んでいた。都市部に較べて田舎の客は時間的に余裕がある。つまり、ヒマな人が多いのだ。それゆえ長っ尻の客が多く、農閑期ともなれば朝から晩まで店のなかに入り浸っている人も大勢いた。もちろん、有り金全部使い果たしてしまえば帰らざるをえないが、玉の出ているうちはいつまでもハンドルを握っている。だから、なるべく出玉をよくして勝たせてやる。そうすると一度味を占めた客は、その後毎日のようにやってくるのだ。もちろん、店が続いている限り、トータル的には客が負けることになるのだが、申はそのへんの配分がうまかった。めいっぱい出玉をよくしてやっても、一日の売上げが八〇〇万から一〇〇〇万くらいあった。

このジャンボセブンの運営を任せたのが、新橋（後に浜松町）にあったインターナショナル企画という会社だ。もともと貿易などをやる朝鮮総連の直営商社の一つであったが、これ以降はパチンコ店運営会社に専念することとなった。ここの責任者には、朝銀東京の理事長を定年退職した鄭春植《チヨンチユンシク》を連れてきて社長に据えた。信用組合の理事長経験者なら財務管理を安心して任せられるし、資金調達も容易だろうとの判断からである。最初は社員三人ほどの小さな会社であったが、ホールの数が殖えるにつれ、どんどん増員していった。

次にできたのが、山形市の「パーラー国際松山」、「パーラー国際山形東」、天童市の「パーラー国際天童南」である。「国際」の名称は、もちろん「インターナショナル」企画からきている。四、五軒目からは一気呵成だった。

酒田市、鶴岡市、秋田市などに、毎月のように一店舗、二店舗と出店していった。このやり方を真似して、他のパチンコ業者も続々と郊外大型店に乗り出してきたが、我々は先手先手を打ってどの地域でもいっとう客入りのよいロケーションを確保していった。

そして、売上げの悪い店はすぐさま売り飛ばし、次の場所、その次の場所を求めて全国を歩き回った。こうしてできた総連中央直営パチンコ店が、現在全国に約二〇店舗ある。最初のうち、土地の購入費用とホールの建設用などの初期投資はすべて朝銀から出した。朝鮮総連の所有している土地・建物などの財産をどんどん担保に入れて、トンネル会社を経由した迂回融資で五億、一〇億と金を引き出すのである。

しかし、最初こそ朝銀の資金を利用するものの、直営店は一般の日本の銀行と取り引きをする。朝銀を使っていれば当然税務署が疑ってかかるだろうから、裏をかいて日本の銀行にカネを預けるのである。

途中から、インターナショナル企画だけでは細かい管理が難しくなってきたので、その下に東馬商事、西原産業、IPU商事などの管理会社をつくって運営を分担させた。インターナショナル企画は全体の統括会社に格上げされた。

九〇年代になってからはさらにその上部機関として、総連中央財政局のなかに「直営事業体経営委員会」というのをつくった。メンバーは、財政担当副議長の許宗萬、財政局長の崔秉祚、副局長の康永官、第二副部長の私、それからインターナショナル企画社長の鄭春植である。この五人が、パチンコホールをはじめとする直営企業の経営方針をすべて決めていた。

＊

私の仕事は、これらの店を最低年二回、一つ一つまわって経営の指導にあたることだった。財務状況は毎月ファックスで損益表を送らせて把握していたが、店員の勤務態度やパチンコ台の配列などは現地に行かなければわからない。

とくに店長の営業姿勢には気をつかった。

直営パチンコホールの店長といえば、それは過酷な任務である。インターナショナル企画の本社には、全国の中央直営店の売上げを示す棒グラフが毎月張り出され、否応なく競争心を煽られる。何カ月かやって成績が上がらなければ、有無を言わさずクビが飛ぶ。売上げが上がれば多少のボーナスくらいは貰えるが、利益はすべて中央に還元される。そして、成績が上がらず赤字になったら、すべて店長の責任である。補塡分は店長がどこかへ行って、自分で都合してこなければならない上、運営会社と総連中央（つまり、私ということだが）から容赦なく叱責・罵倒される。その代わり、毎月の給料だけは、一般のパチンコ店よりずっと高くした。月に四〇万円から五〇万円くらい払っていたと思う。そうでなければ、こんなわりの合わない仕事もない。

パチンコ店長の給料の話が出たついでに、総連専従職員の給料の話もしておこう。たとえば中央財政局では、私が毎年小平の朝鮮大学校に行って面接試験をおこなった。八〇年代後半から九〇年代の前半にかけては年間四〇〇人くらいの卒業生があったが、一〇〇人以上の学生を面接し、そのなかから見込みのありそうなのを一五人ほど選抜してくる。

一五人のうち、一二、三名はすでに述べたとおり、パチンコ店のほうにまわす。残りの二、三名が中央財政局の専従職員となる。たいていは女の子の事務員が多かった。中央で事務をやる女の子の月給といえば、一四、五万円ほどであった。これにボーナスが四カ月分ほど出る。

バブル華やかなりし時代でそんなものだから、中央本部とはいっても総連専従職員の生活はいたって慎ましやかなものだ。それでも中央本部で働きたいと希望する学生は多く、倍率はかなり高かった。朝大に通っている学生の親は、商工会、信用組合、学校、あるいは総連組織本体で幹部や名誉職をやっている者が多いから、一家の名誉のためにも自分の子弟を中央組織に入れたいと願うのである。当時、朝大を卒業して中央本部に配属される人間は、すべての部署の合計で毎年二〇人ほどいた。

慎ましいといっても、地方の職員に較べれば中央本部は天国のようなものだ。地方本部・支部の職員となると、初任給はせいぜい七万か八万がいいところ。いくら長く勤めたってそれほどの昇給があるわけでもない。だから地方の職員はせいぜい時間をつくってアルバイトに励むしかないのだった。それも、バブル全盛期の話である。最近では中央本部ですらも職員の給与が半減されていると聞く。

＊

細かい指示の後で、私が彼ら店長に言ったのはこういうことだ。

「命をかけて客を呼び込め」

そして、

「身体を張って店を守れ」

である。

パチンコ業界は地下経済と切っても切れない関係にある。たいていのパチンコ屋は地元のやくざ組織と密接につながっていて、彼らに利益供与を図る代わりに、他の暴力団から店を守ってもらう。

しかし、総連系パチンコ店は別だ。

我々は暴力団の介入をいっさい許さなかった。身体を張って、みずから店を守ったのである。新しくできるのが朝鮮総連直営店だと知ると普通のやくざは寄ってこないが、ときには何も知らないチンピラが営業にちょっかい出そうと近づいてくることがある。

そんなときには店長みずから出ていって、相手の胸ぐら摑んで一喝するのだ。腹に巻いたさらしにドスを呑んで店に立った店長もいた。

パチンコ屋の商売を邪魔するのはやくざだけではない。悪質なパチプロもいるし、警察もいる。

しかし、我々朝鮮総連は、警察の介入も許さない。

現在のパチンコ台はほとんどすべての機械の裏にCRロムがついている。これで出玉の調節をするわけである。客の射倖心を煽りすぎてはいけないという理由から、このCRロムは出荷前に警察の下部団体（全遊協）の検査を受ける。そして、厳重に封印を施されてから出荷されるのだが、どんな店でもCRロムをいじって玉を出やすくするのは業界の常識だ。そうしないと、ほとんどの客は勝つことができず、店に客がつかないからである。

時々、警察がやってきて台を調べようとするが、限度以上は絶対に調べさせない。そんなときは朝鮮総連に応援を頼み、空手の有段者である屈強な若者たちを派遣してもらって、彼らの見張りのなかでしか検査させない。だから警察もあまり本気になって調べない。思わず及び腰になってしまうのだ。それを可能にするのは、一にも二にも、店長の気迫なのである。彼らは命をかけて商売してる。

＊

正月は書き入れどきだから三が日も休めない。年末年始は、私も吹雪のふき上げる東北地方の直営店をまわって店長たちにハッパをかけた。養成コースで彼らを教えた講師を連れて差し入れを届け、「もっと稼げ！　もっとガンガンに音楽を鳴らせ！」などと言って檄を飛ばしたのだった。そんなわけで、私も正月休みは返上だった。そうやって各地をまわり、すべての直営店から店長たちが金庫のなかにしまっている毎月の純益を回収して中央に運んでいた。最終的には中央直営店二〇店舗の純利益の合計は、年間五億から六億に達していたはずだ。

九〇年代に入ると同胞からの寄付はみるみる減少していったから、我々はますますパチンコ店経営に力を入れざるを得なくなった。パチンコ屋からのアガリが、同胞から中央に納められる献金を上回ったのは九五、六年ころだったと思う。

中央本部ばかりではない。

地方本部のほうも、同胞からの献金だけでは苦しくなってきたので、パチンコ屋をやらせることにした。各都道府県本部の傘下にそれぞれ直営パチンコ運営会社をつくらせ、中央のやり方を見よう見まねで運営にあたらせた。

さらには、金剛山歌劇団、朝鮮新報社、青年同盟、女性同盟などの組織も、財政難で独自の運営が難しくなっていた。だから、これらの団体にも、それぞれが所有している土地を担保に入れさせて朝銀から融資を引き出し、パチンコホールをつくらせた。独立採算性で組織を運営させてゆく方針に切り替えたのである。

これら、中央本部以外の地方本部と総連系団体が所有しているパチンコホールが、全部で四〇店舗ほどある。中央直営二〇店舗と併せて約六〇ほどのパチンコ店が、現在では、朝鮮総連のほとんどの活動資金を捻出していると言っても過言ではない。地方によっては、一軒のパチンコ屋のアガリで、県本部、支部、学校の教職員ら、すべての専従活動家の給与を賄っているところもある。たとえば、総連千葉県本部がそうだ。千葉では、八千代市にある「ジャンボ」というパチンコ店一軒の利益で組織の運営費をすべて賄っている。

資金が足りずにホールをつくれない小さな組織には焼肉屋をやらせているところもある。中央直営も含めて、朝鮮総連経営の焼肉店は全国で数十店舗あるが、こちらのほうの利益はたいしたことはない。

ときには中央と地方がカネを出し合って、共同で経営することもある。岩手県の雫石町にある「ジャンボセブン雫石店」がそうだった。

＊

たしか、九〇年くらいに、出店ラッシュの勢いで建てたホールだったが、とにかく成績が悪かった。売上げは常に全直営店中、最後から一番目か二番目あたりをうろうろしていた。場所が悪いというよりも、共同経営というスタイルがまずかったのだ。中央の運営会社と岩手県本部の運営会社が両方からやいのやいのと口を出して勝手なことを言う。売上げが上がらないとそれぞれの上部団体（つまり、総連中央と岩手県本部）から厳しく叱責されるからだ。矛先は当然、店を直接あずかる店長に向かう。あまりの煩《わずら》わしさに、そのうち、店長がやる気をなくしてしまうのである。この店に配属された歴代の店長たちは、私が訪ねてゆくと半泣きのような顔で「どうか他の店に移してください」と訴えるのだった。

これを見事に立て直したのが、朝大を卒業したばかりでまだ二二、三だった辛《シン》（仮名）という男だ。

若いわりには人あしらいの上手いやつで、喧《やかま》しく口出ししてくる運営会社の幹部連中を軽くいなしながら、みるみるうちに売上げを上げていった。最後は上から七、八番目くらいの優良店になっていたと思う。やはり、パチンコ店経営は人だ。

辛は現在独立し、上野でパチンコ台メーカーのオーナー社長として、相当良い成績を上げていると聞く。

## このままでは共倒れになってしまう

中央本部の一日は、朝礼からはじまる。

毎朝九時、六階の講堂に中央本部に勤務する二五〇人ほどが集まる。

そして、朝の挨拶の後、事務総局長がその日のおおまかな予定などを発表するのである。話の内容は、簡単な事務報告の他、本国で昨日一日何があったかということが主だ。その後、その日の話題に応じて毎日違う報告者がマイクの前に立つ。

講堂にはステージがあり、正面の壁には、金日成・正日親子の肖像画がならんでいる。肖像画を背にして、議長の韓徳銖を中心に、李珍珪、朴在魯《パクジェロ》、徐萬述、許宗萬らの副議長がこちらを向いて座っている。我々は、一段下の一般席で折り畳みの椅子に腰かけて事務報告を聞くのである。

その当時、すでに八〇近くなっていたはずだが、韓徳銖議長のかくしゃくぶりは、まったく常人離れしていた。そのころから、常に主治医が側に付き添うようになっていたが、その必要がまったく感じられないほどであった。背中もまっすぐで、そこらの若者よりしゃきしゃき歩いていたし、頭も明晰、声にも張りがあった。

「〇〇同務、いまの言葉、発音が悪いぞ!」

毎朝、演壇に立った報告者に向かって容赦なく檄を飛ばしていた。

「いったい、学校で何を学んできたのか！　そんな話し方では恥ずかしくて党幹部の前に出せないではないか！」

などと、講堂全体に響きわたるような大声で一喝する。怒鳴られたほうはその場ですくみ上がってしまうほどだ。

このころ、金正日の威光を笠に着た許宗萬が急速に台頭してきたとはいえ、議長の権威はまだまだ絶大であった。

＊

あれは八七年の一一月二九日のことだった。

イラクのバグダッド発アブダビ－バンコク経由ソウル行き大韓航空機が、ビルマ付近上空で突然行方不明になった。大韓航空機爆破事件である。飛行機には中東に働きに出ていた南朝鮮の労働者が多数乗り込んでいた。

朝鮮出版会館のなかにある朝鮮通信社は各国の通信社と契約しており、中央本部には世界中の最新ニュースが毎朝ファックスで送られてくる。

六階の講堂で毎朝おこなわれる朝礼で事務総局から発表があり、そのニュースをはじめて知った。南朝鮮の飛行機は空中爆破し、搭乗していた全員が死亡した。居合わせた二〇〇人ほどの中央本部職員のあいだからは、いっせいにどよめきが起こったが、それはこのニュースを聞いた一般の日本人の反応とさして変わりはない。

一二月に入って、バグダッドから搭乗しアブダビで降りた「蜂谷真一」「蜂谷真由美」名義の旅券を持った男女がバーレーン入管当局に身柄を拘束された。男女はその直後に自殺を図り、女だけが一命をとりとめた。その後、この二人が機内に爆発物を持ち込んだのではないかというテロ疑惑が次第に強まってくる。

朝鮮総連に動揺が走ったのは、生き残った「真由美」の身柄が特別機でソウルへ移送され、取り調べの過程で「北朝鮮の工作員と判明した」と報道されたときである。

我々はいっせいに色めき立った。

「南朝鮮の謀略だ！」

「全斗煥政権の自作自演だ！」

もちろん、心底からそう思って叫んだのである。南朝鮮の腹黒い陰謀の裏に、二つの意図が潜んでいることは明々白々だった。全斗煥政権が翌年の大統領選挙で与党の優勢を保つため、そして尊厳あるわが祖国にテロ国家のレッテルを貼り付け、国際的信用を失墜させるためである。

そのあまりに卑劣なやり口に、はらわたが煮えくり返りそうだった。

私だけではない。中央本部の全員が例外なくそう思っていたはずだ。いったんそう思い込むと、それ以外のいっさいの思考は停止してしまう。すべての論理はその筋に沿ってしか展開しなくなってしまうのだ。

まず、南朝鮮の大統領選挙のまっただ中に爆破事件が起こったというのが怪しいではないか。その年末はまさに、全斗煥《チョンドファン》の後を受けた与党民正党の盧泰愚《ノテウ》と野党民主党の金泳三《キムヨンサム》、野党平民党た。情勢としては、盧泰愚不利が伝えられていの金大中《キムデジュン》が三つ巴《どもえ》の激しい選挙戦を展開しており、情勢としては、盧泰愚不利が伝えられていた。

すくなくとも総連内部ではそのように語られていた。全斗煥にしろ盧泰愚にしろ、対北強硬路線をとる軍閥出身者である。大韓航空機が北朝鮮のテロということになれば、最大の受益者は与党軍事政権の全斗煥と盧泰愚ということになるはずだ。だいたい、英雄的な祖国の革命家が飛行機もろとも自爆したというならともかく、自分だけ助かろうと途中で降りたなどというのはとても信じられない。許し難い謀略劇であった。

総連中央では、朴在魯副議長が「南朝鮮軍事政権は悪質な陰謀策動を直ちにやめよ」という声明文を読み上げ、反謀略キャンペーンの態勢に入った。南朝鮮の大統領選を「史上最悪の金権堕落選挙だ」とこき下ろし、作家や評論家など、日本の左翼文化人らも多数動員して、

とか、

「女が死亡しなかったのは当初からの計画通りで、デタラメの供述をするためだ」

とか、

「女の身柄が投票日の前日にソウルに移送された事実こそ、全斗煥政権による謀略を如実に物語っている」

とか、

「これによって最大の利益を被ったのは、全斗煥・盧泰愚一派だ」

などと言わせた。

しかし、これで「北朝鮮によるテロ」説が沈静化したわけではなかった。南朝鮮当局からは「真由美」が本名を金賢姫という朝鮮人であること、朝鮮労働党調査部所属の工作員であること

などの発表が次々となされ、しかも彼女が容姿端麗で妙齢の女性であったことから、韓国はもちろん、日本での報道も過熱の一途をたどっていったのだった。

＊

報道の量は翌年になってもいっこうに減らない。そのうち、大韓航空機爆破報道に過剰反応した日本人が、各地で朝鮮学校生徒たちに暴言を吐き、暴力を振るうなどの暴行を働きはじめた。許し難い蛮行である。当時はまだ四、五万人いた朝鮮学校の生徒を守ることこそ、我々朝鮮総連に課せられた最大の責務だった。

「若い同胞を集めて、朝から晩まで朝鮮学校の生徒たちを守れ！」

我々は全国の地方本部に指令を飛ばした。

朝鮮学校の生徒たちはしばらくのあいだ集団登校を義務づけられ、青年同盟の若者たちがその護衛についた。

さらに、三月に入ると、今度は中央本部六階の講堂にマスコミを集めて記者会見を開いた。

「大韓航空機爆破事件は、南朝鮮当局による自作自演の悪辣な謀略劇である」

という我々の主張を、あらゆる〝証拠〟を集めて日本の記者たちに訴えたのである。中心になったのは国際局だった。

しかし、「南朝鮮当局の悪辣な陰謀」に激しく憤る一方で、私の心中に何とも名付けようのないわだかまりがあったのも事実だ。

大韓航空機爆破事件が全斗煥政権の自作自演であることは疑いようもない。すなわち、「金賢姫」と名乗った若い女が、南朝鮮のデッチ上げた偽の北朝鮮工作員であることは、どうやっても否定しようがない。心の底からそう信じていた。だが、ことの真偽はどうあれ、「北朝鮮」が国際社会から指弾されるたび、そのとばっちりを受けるのは常に我々在日なのだった。

総連は祖国と運命共同体のはずであった。祖国あっての総連であり、我々は輝かしい社会主義祖国と偉大なる首領を全身全霊で敬い、奉った。祖国の社会主義統一こそ、我々の悲願であった。しかし、そのために犠牲にしなければならないものが多すぎたのも、また事実だ。

本来、この日本という国にあってアウトサイダーである在日が生きていくため、すこしでも生きやすくできるよう、生活権を保護・拡大していこうというのが、在日朝鮮人運動の大前提のはずであった。そのための民族権益擁護団体としての朝鮮総連のはずであった。それがいつのまにか本国だけを見て、本国の意向を寸分違わず反映するのが総連の絶対命題になっていた。しかし、本国に忠実になろうと努力すればするだけ、日本の社会で生きづらくなっていくような気がしてならなかった。

＊

本当にこのままでいいのか……。

私のなかにこの疑念が芽生えたのは、八二、三年ころのことだったと思う。

最初は小さな疑念だった。このころから、北朝鮮本国と在日同胞のあいだで、合弁事業がほそぼそとはじまった。八四年九月に合弁法ができてからは、ラーメン工場から重金属工場まで、ありとあらゆる二〇〇以上もの工場が北朝鮮各地に建設された。

九月マルスムのあった八六年の九月には、北朝鮮から合営経済代表団が来日して、「朝鮮国際合営総会社」の設立調印式がおこなわれた。資本金はたしか一二〇万ドルで、日朝がそれぞれ五〇パーセントずつ出資金を出し合うことになっていたはずだが、実際はほとんど日本側が出した。

朝鮮国際合営総会社設立後の計画としては、被服加工、絹ネクタイ製造、織物製造、毛皮加工、プレス加工、ケミカルシューズ製造、畜産加工、ピアノ製造、デジタル時計製造、テープレコーダー製造、カラーテレビ製造、フィルター付き煙草製造などの工場が次々に建設される予定であり、実際、まもなくほとんどの工場が完成した。

日本に較べれば人件費はタダのようであったし、距離的にも近い。そして、何より、そこは我々とおなじ言葉を喋る同胞の棲む祖国である。本国との初の本格的合弁事業だということで、商工人たちは皆張り切っていた。

しかし、それらの投資がちっとも還元されないのである。還元されないだけならまだしも、工場が稼働しているのは最初のうちだけで、二年か三年するとじきに操業停止になってしまう。それも一つや二つだけではなく、ほとんどすべての工場がそうなってしまうのだった。理由は簡単で、北朝鮮という国家全体が官僚主義に犯され、商売というものの基本をまったくわかっていないのである。人件費はたしかに安いが、それなりの製品をつくれるようになるまで労働者を教育するのに、膨大な時間と労力がかかってしまう。さらに、労働者を派遣する官僚たちがリベートを要求してくる。結局、日本で生産するより高くついてしまうことになる。

さらには、産業の基礎であるインフラ整備ができていないだけでなく、電力から鉄道からすべて党幹部が権利を独占しているため、うまくいきそうになるとすぐ横から規制が入る。一つの工場がうまくいきそうになるとすぐ「俺にもわけまえ寄こせ」と幹部たちが近づいてきて駄目にしてしまうのだ。

略奪者は党だけではない。軍も近づいてくる。

八二、三年ころだった。在日同胞から集めたカネで、総連がインスタントラーメン工場のプラント一式を寄付したことがあった。実際にラーメンができるところまでこぎつけたはいいが、朝鮮人民軍がこれに眼をつけた。携帯食にちょうどいいというので、まだ袋詰めされていないうち、乾麺の固まりができたそばからごっそり持っていってしまうのであった。工作員の非常食にビニール袋に詰めたブドウ糖を持たせるような国だから、味や見た目など関係ない。北朝鮮の軍人たちは、味などおかまいなしに、粉末スープもついていない素の乾麺を湯でもどして食べているようだった。

また、商売の何たるかを知らない北朝鮮側は、予算のすべてを一度につかってしまう。たとえば二億円のプロジェクトがはじまると、二億円のすべてを最初の投資につぎ込んでしまう。北朝鮮側は工場が摩耗品の集合で成り立っているということを知らない。部品には寿命があり、常にメンテナンスが必要なのだという知識がないから、余剰資金を貯えておくという発想がない。余ったカネで幹部の自家用車を買ったり、幹部用の保養施設をつくったりするものだから、たちまち予算が食いつぶされ、メンテナンス費用などなくなってしまうのだった。

稀にうまくいくことがあっても、その利益が在日に還元されることはまずない。

たとえば、両江道というところにビール工場をつくった関西の実業家がいた。北朝鮮では良質のホップが採れる。北朝鮮製のビールを「気が抜けている」といって若い同胞たちは嫌うが、あれこそホップ本来の苦みの利いたビールらしいビールなのである。平壌の有名ブランドである龍城ビールを飲んで気に入ったこの実業家は、ホップの本場である咸鏡北道の近くにビール工場を建設し、北朝鮮ブランドの有名商品をつくって世界に輸出しようと夢見た。およそ一年後、三池淵地区に実際のビール工場ができ上がり、この地方の名物にまでなった。たしか、瓶と缶と両方の製品があったと思う。

これなどは合弁事業が順調に滑り出した、かなり稀有な例だが、このような優良工場は、たちまちのうちに党幹部たちに経営権を奪われてしまうのが常であった。投資したカネが返ってくることなど、絶対にないのである。

まるで、笊《ざる》で水を汲んでいるようなものだった。本国との合弁事業のため在日が投資した数百億円分の投資のほとんどは、こうして泡と消えていった。

どれほど投資しても、あの国の経済が立ち直る兆《きざ》しはいっこうに見えなかった。経済とは現実そのものである。どれほど高い理想を掲げようと、経済が駄目だということはあの国の現実が駄目だということだ。祖国の未来は、どう贔屓目《ひいきめ》に見ても明るくなかった。

このままでは共倒れになってしまう……。

私の脳裏にちらつきはじめた暗い影は、その後、次第に色濃くなっていったのだった。

## 最初の確執

あれは朝鮮国際合営総会社ができた翌年か翌々年だったから、八七年か八八年のことだ。平壌で「朝日合弁事業産品展示会」というような催しがあった。

我々在日と本国との合弁でできた工場で生産された製品を一堂にならべ、合弁事業の成果を双方で確認し合おうというのが、その目的だった。

夏の暑い盛りだった。

いつものように、北京行きの全日空便に乗り、北京に一泊してから翌日に高麗航空で平壌に入るのである。そのころは、完成したばかりで平壌最高級の高麗ホテルが定宿であった。

日本側からは、韓徳銖議長以下、副議長が二、三人、それに当時合弁事業の日本側責任者で財政局長の職にあった崔秉祚、それから私と、五人か六人の代表団が参加した。

副議長の一人に、その前年、財政担当副議長に就任した許宗萬がいた。

中央本部の幹部のなかでも、副議長以上は別格である。最近でこそ廃止になったというが、毎日の出退勤は黒塗りのクラウンと運転手、さらに屈強のボディガードまでつく。車は一台三五〇万円とかの防弾ガラス付きである。その当時、総連中央には第一副議長の李珍珪を筆頭に一〇人の副議長がいたが、そのなかでも、いちばん新参の一人である許宗萬がいちばん威張っていた。

まるで自分一人で組織を動かしているようなことを言う。

副議長に抜擢されてからというもの、許宗萬の態度が突然変わったのは誰の眼にもあきらかだった。周囲はその増長ぶりに辟易していたし、中央本部の職員は末端にいたるまで突然傲慢になった許宗萬の機嫌を損ねないようにと、常に気を遣うようになった。

商工人たちもそんな許宗萬の態度を腹に据えかねていたようだった。それまでペコペコと献金をねだっていた許宗萬が、急に尊大になって横柄な口をきくようになったのだから無理もない。

「あの白豚野郎、威張りくさりやがって」

本人の前でこそ言わないが、彼らは陰では露骨に悪態をついていた。

「白豚」というのは、色白で太りじしの許宗萬にいつのまにかついたあだ名である。

しかし、許宗萬の豹変ぶりには、じつはもう一つ別の理由があったのだ。

財政担当副議長に抜擢される直前、事務総局の副総局長時代に許宗萬は総連中央でもっとも勢力の大きい学習組の組長に任命されたのである。すでに述べたように、学習組は総連内の非公然党組織であり、実体そのものである。総連のなかでは、表向きの看板よりも、学習組内での地位がものを言う。学習組のトップといえば、すなわち、終身議長である韓徳銖を除けば、総連内の実質上ナンバー1にあたる地位だ。本国でいえば、金正日が座っていたポジションと酷似している。任命したのは、もちろん、朝鮮労働党中央、つまり、金日成か金正日のどちらかのはずだが、どちらかといえば金正日の意向が強く働いていたに違いないと思う。

高麗ホテルは平壌駅の近く、市内でもっともモダンな蒼光通りにある。四五階建てのこのホテルは八五年に竣工され、当時平壌で最新・最高層の建物だった。ツインタワー形式でおよそ五〇〇もの客室を持ち、それぞれの最上階は回転式の展望レストランになっている。片側は一般用として観光客などにも利用されているが、もう片方は金正日ファミリーの専用レストランである。このことはあまり知られていない。

その趣味の善し悪しは別として、高麗ホテルはその当時、首都平壌でも他に類を見ない超近代的ホテルであった。

客室はかなり広いが、我々代表団は一人一室があてがわれる。今回は韓徳銖議長も参加しているのだから、特別丁寧にもてなされた。

食事は、ホテルの一室に我々だけの食堂が設けられ、そこに平壌最高級の料理が運ばれてくる。韓徳銖議長は朝鮮料理にかけてはかなりうるさ型の食通だった。「今日は泥鰌《どじょう》汁が食べたい」とか「夜は甘肉(犬肉)にしよう」などと、滞在中、代表団の食事のメニューをすべて一人で決めていた。

我々の食事を用意するのは、官邸で金日成主席が食べている料理をつくっているのとおなじ料理人である。彼らは普段、市内のホテルなどに分散していて、呼び出されれば官邸の厨房に入って主席のために腕を振るうことになっていた。

展示会は翌日から、平壌の中心部の地下にある党中央学校の講堂で、およそ一週間にわたって開催された。

場内は日本の中学校の体育館くらいの広さであったが、その会場いっぱいに合弁工場で生産された製品が飾ってあった。女物の下着、シャツやブラウスなどの繊維製品、セーターなどの織物製品、テレビやビデオ、電気釜、ウォークマンのコピー商品のような携帯用ステレオ、自転車や、水田の耕作機械のエンジンまで、じつに多種多様な製品が二〇〇〇点余りもならべられた。

展示会第一日目のその日は、北朝鮮側で合弁事業の指揮を執っていた崔泰福副首相の挨拶ではじまった。

ほとんどの工場は試作第一号が完成したばかりのころである。

政治体制の違いから、日朝双方のあいだでさまざまな齟齬《そご》があったものの、まだ先行きに不安を感じるというほどではなかった。それよりも、これら合弁工場から生み出された製品が祖国の経済を変えるかもしれない、という期待のほうが大きかった。

「いろいろと障害はあるが、それを乗り越え、在日同胞と共和国がともに手を携えて世界に冠たる工業製品をつくり上げていけるよう、お互い切磋《せっさ》琢磨《たくま》しながら努力してゆこう……」

副首相はそのようなことを言ったと思う。

これに応えて、日本側からは韓徳銖が挨拶に立った。

「今日、栄光ある社会主義祖国との合弁事業の成果として完成された製品を眼の前にして、感無量であります。力及ばずとは知りながらも、我々五〇万在日同胞がわずかでも共和国経済の発展に寄与できたことはこの上ないよろこびであります……」

たしか、韓徳銖はそんなことを言っていた。

北朝鮮と朝鮮総連が総力をあげた合弁事業の成果を見ようと、全国から幹部たちが集まっていた。参列者のなかには、金日成主席や、金正日書記もいた。

＊

会場内には白いテーブルクロスを張った細長いテーブルが何列もならび、合弁事業の成果である新製品が所狭しと展示されていた。

党幹部たちがテーブルのあいだをぬって、物珍しそうに半日本製のそれらの製品を眺めていた。

その横で、例によって許宗萬が偉そうに講釈を垂れはじめたのだった。

「ようやくこれだけの製品を展示できるまでになりましたが、当初は商工人たちも疑心暗鬼で、なかなかカネを出そうとしませんでした。その説得には何年もかかりまして……」

そのために自分がどれだけ苦労したかと、まるで合弁事業が自分一人の功績のようなことを言う。

事件はその直後に起きた。

起こしたのは、私だ。

党幹部に対する許宗萬の露骨なおもねりを側で聞いているうち、全身に虫酸《むしず》が走ったのである。

「自分ばっかりいい格好するな！　同胞から集めたカネだろう！」

気がついたときには口をついて言葉が出ていた。

周囲の全員が思わず振り返るような大声だった。

韓徳銖をはじめ、日本側代表団は凍りついたように立ち竦《すく》んでこちらを見ていた。

傍らにいた総連指導課責任者の姜周一がおろおろとあいだに入って、その場をとりなしていた。

＊

当時、私は四六歳か四七歳。許宗萬は五五、六であったかと思う。

それからおよそ一週間ほどというもの、毎日行動をともにしていたのだが、許宗萬とは眼も合わせなかった。

食事どきともなれば席をおなじくせざるをえないのだが、お互いろくすっぽ口を利かなかった。許宗萬のほうは「何しに来た」くらいは言うが、私のほうは不貞腐れて完全無視を決め込んでいた。

帰りの高麗航空機のなかでは、許宗萬がいちばん先頭のＶＩＰ席でふんぞり返っていた。議長がいればそんなわけにはいかないが、平壌に住む子供たちを訪問するため帰国を遅らせたので韓徳銖は同乗していなかったのだ。私はいちばん最後尾に座ってずっと窓の外を見ていた。

党幹部の面前で痛罵され、大恥かかされた許宗萬がこのまま黙っているはずはなかった。いずれなんらかの報復を受けるだろうことは、いまから覚悟しておかなければならないのに違いなかった。

## 地上げ屋集団と化す

パチンコとおなじくらい総連が力を注いだのが、地上げビジネスである。これも八七年ころにはすでにはじまっていたはずだが、こちらについては詳しくない。

地上げの指揮をとったのはやはり許宗萬で、実際の管理を担当したのは財政副局長の康永官だった。許宗萬のブレーンとなったのが、不動産に詳しい金鐘淳《キムジョンスン》と、昔、大手ゼネコンの竹中工務店にいたことのある金鼎宣《キムジョンソン》だった。さらに、許宗萬の手足となって実務を担当していたのが、財政局の古株の石《ソク》、それから若い金らであった。

最初は東京都内の小規模な地上げが中心だったと思う。総連中央本部にハザマ組、大成建設、大京観光などの大手ゼネコンの担当者がしきりに出入りするようになった。皆、五〇〜六〇代の部長クラスであったように思う。

我々在日が得意とする商売がいくつかある。

すでに述べたように、その代表が焼肉とパチンコである。

焼肉はホルモン焼きからはじまった。ホルモン焼きは牛や豚の内臓料理であり、朝鮮の伝統的な食文化である。最近ではカロリーが低いわりには栄養価が高いということで、若い女性までさかんに食べるようになったが、戦前の日本では「ほうるもん」と言われて誰も食べなかった。しかし、極度の食糧難に直面した戦後は日本でも、とくに労働者のあいだでホルモン焼きがひろまった。第一に安く、第二に旨いからである。ホルモンを焼いてマッカリ（どぶろく）とともに出す屋台が、日本中のそこかしこにできた。これが現在の焼肉産業のルーツである。そのうち、臓物のたぐいはもちろん、カルビやロースなどの上質肉も漬けタレに漬けて焼く現在の焼肉の原型ができた。これは朝鮮にはない、在日の発明品である。朝鮮の伝統料理からはじまった商売だから、焼肉屋の経営者に朝鮮人が多いのはあたりまえだ。

次に朝鮮人がこぞって手を出したのが、パチンコだった。

これは戦前、日本人が日本で発明したものだが、戦後になって在日のあいだでパッとひろがった。理由は、小資本で日銭が稼げるからである。開業したその日から現金収入が得られる。そして、何より、それは競争相手のいない新しい商売だったからである。既存の商売にはありとあらゆる既得権益があって、よそ者の朝鮮人があらたに入り込むのは難しい。しかし、パチンコはほとんど手つかずの商売だった。

もちろん、最初は日本人の同業者のほうが多かったのだが、五四年に逆転した。この年に大流行した「機関銃」というパチンコ台が射倖心を煽りすぎるという理由で禁止処分を受け、パチンコ業界は大打撃を受けたのだった。多くの経営者がパチンコから撤退し、四万軒以上あったホールは一万軒以下に激減したのである。私の実家もそうだった。だが、このとき、多くの朝鮮人経営者は規制を受けながらも業界にとどまった。在日に与えられた商売の選択肢は限られており、商売替えが難しかったことがその主な理由だ。彼ら、逆境に喘ぎながらも商売を諦めなかった経営者たちが、今日のパチンコ産業の礎《いしずえ》を築いたのである。

他に、在日の存在が目立つ分野に、金融と産廃がある。

金融といっても、都市銀行や大手証券会社のような資本主義経済の最先端をいく分野から街の高利貸しまでピンからキリまであるが、零細の在日が手を出したのはキリのほうである。パチンコや飲食店経営などで小金を稼いだ商工人たちは、今度はその資金を元手におなじ在日の仲間たちに年率四割とか五割といった高利子で金貸しをはじめるものが多かった。最初はごくごく原始的な高利貸し商売だったが、後に朝大などで学問を積んだインテリが加わりはじめると、次第に企業としての体をなしていった。現在、テレビで派手なコマーシャルを打っている消費者金融の会社のなかには、在日の息のかかった業者がかなりある。

テレビコマーシャルのせいかどうかは知らないが、最近では消費者金融会社もだいぶ市民権を得てきたようだ。しかし、昔は消費者金融といえばやくざの専売特許のように言われ、堅気の日本人は誰もやろうとしなかった。これも隙間産業だったから在日が潜り込めたのであった。

産廃は、昔の廃品回収業、すなわち、屑屋の流れをひいている。裸一貫で日本にやってきて、リヤカーを引きながら屑鉄を拾っていたのが一世たちだったとすれば、その息子である二世たちはリヤカーを四トントラックに変え、屑鉄のかわりに産業廃棄物を積むようになった。しかし、産廃業界は規制が厳しく、個人事業主の多い在日はなかなかライセンスを貰えない。やがて組織のしっかりした日本の企業が参入してきて、現在では零細の在日企業は次々と撤退を余儀なくされているようだ。

これ以外はといえば、ソープランドなどの性産業を含む風俗店の経営者も多い。

四七年に外国人登録法が施行されたとき、日本に帰化する道を選ばなかった約五〇万人の朝鮮人は、以降、外国人として生活してゆくこととなった。外国人として生きてゆこうとすれば、そこには当然、さまざまな規制がある。その最たるものは就職差別である。たとえば、在日は公務員にはなれなかった。国家公務員には現在もなれないし、一部地域を除けば地方公務員にもなれない。日本人として生きる道を選ばなかったのだからこれは当然のことかもしれない。しかし、それだけでなく、戦後まもなくは、民間企業にすらなかなか雇ってもらえなかった。国（＝法）が守ってくれないのだから、自分の生活は自分で守らなければならない。

法に守られない異国の地で自分の生活を守ってくれるものといえば、まず何よりもカネである。それも何カ月あとに入ってくるかわからない大金（＝ペーパーマネー）よりも、目先の現金収入だ。焼肉屋のような飲食業にしろ、パチンコにしろ、いずれもその日のうちに日銭の入る現金商売である。そして、パチンコも、消費者金融も、産廃も、風俗業も、どこかで暴力団が支配する地下経済と結びついていることが多い。たとえ身におぼえはなくとも、何らかのかたちで他人に後ろ指さされることを覚悟しなければならない商売である。いずれにせよ、日本人の参入が難しいか、日本人があまりやりたがらなかった業種だった。日本社会で新参者の在日は、そうした隙間を狙って産業界に進出し、富を貯えていったのであった。

＊

バブル経済の到来とともに、ここに地上げという商売が加わった。

周知の通り、地上げというのは、土地を買い上げそれを転売する仕事である。八〇年代も後半に入ると、日本の都市部の土地は凄まじい勢いで値をつり上げていった。不動産業者は都会の一等地を目指して巨額の投資をつぎ込みはじめた。

土地を買いたい人と売りたい人がいて、値段が折り合えばこれを買うというなら何も問題はない。しかし、その土地がどうしても欲しいが、地主が絶対に売りたくないという場合もある。どうしても売りたくはないというなら諦めるしかないが、やっかいなのは、売りたい地主と売りたくない地主が混在している場合である。そして、駅前などの一等地というのは、大抵がこのケースなのだ。ここにやくざやブローカーが介在する余地が生まれる。

彼らは地上げ屋と呼ばれた。地上げ屋は「売りたくない」と頑固に拒み続ける地主を説得し、ときには暴力的に脅しつけて売買契約書に捺印させる。他人様から恨まれる商売だから、やはり、堅気の人間はやりたがらない。そして、他人がやりたがらない商売というのは、おうおうにして利益が大きいのである。総連がここに眼をつけたのは、自然の理だった。

さらに、地上げというビジネスは巨額の裏金を必要とする。地権者に対して領収書のいらない現金を渡せる者だけが、土地を取得できる仕組みになっている。土地をいくらで売ったかということがわかれば、地権者は応分の税金を払わなければならないからだ。これは大企業には絶対に真似のできない芸当である。大企業がそんな出所不明のカネをひそかに動かそうとすれば、かならず税務署に眼をつけられる。それに、彼らの取引先である大手銀行の出納にも常に国税の眼が光っている。朝銀という小規模な信用組合のなかに大量の裏金を貯えていた朝鮮総連にとっては、まさにうってつけのビジネスであった。

総連の手がけた地上げには、私が知っている範囲だけでも、大きなものが三件あった。名古屋の新幹線駅周辺、大阪・吹田市の江坂駅近くの高層ビルの建て直し、それから北九州市小倉区のある旧市街を街ごとすべて買い上げる計画である。いずれも八〇年代の後半にはじまった。

名古屋に関しては二〇〇億円くらいの投資をつぎ込んで駅周辺一体のごちゃごちゃした土地を買い上げ、それを大手建設会社数社を含む業者に転売した。これの利益がおよそ二〇億円あったのだが、この転売で当然生ずるはずの譲渡税を朝鮮総連はほとんど払っていない。この当時、土地を転がせば簡単に億単位の利益が転がり込んできたが、それがそのまま収入になるわけではない。五年以内の短期で転売しようとすれば、最大約九割ものべらぼうな税金をとられる。しかし、税務対策は総連にとってお手の物だから、なんとか誤魔化せるだろうと高《たか》をくっていたようだ。しかし、このときはさすがに額が大きかったから、税務署の眼も厳しかった。名古屋の国税が中央本部に乗り込む直前までいき、総連は大騒ぎになったのである。我々は慌てふためいて身構えていたのだが、結局、査察が入ることはなかった。陰で強力な政治の力が働いたのであろうことは想像に難くない。

次に手をつけたのが、大阪だった。名古屋の地上げからそれほど日をおかず、こちらもすぐにはじまった。地下鉄御堂筋線から伸びている地上鉄道に、江坂という駅がある。その駅からほど近いところにあった旧いオフィスビル兼マンションの入居者を立ち退かせてくれという話が、これも大手建設会社から持ち込まれた。旧いビルを取り壊して、最新式のファッションビルを建てる予定だという。

旧いといっても、一二、三階建ての高層ビルであった。ここに入っている会社と住民に一軒一軒、話を持ちかけ、相応のカネを渡して立ち退いてもらったのである。このときは私も一部担当し、住民にカネを渡したりしたので比較的詳しく知っている。すべての住民を立ち退かせるのに、二年ほどかかったと思う。おそらくこれがいちばん儲かったケースではないか。このときには、約六〇億の投資で利益が約四〇億もあった。

やや遅れて、八九年前後にやりはじめたのが、小倉である。これは旧市街を丸ごと買い上げて、再開発しようという大がかりなプロジェクトであった。総額二〇〇億〜三〇〇億の資金をつぎ込んで完了寸前までいったのだが、いまだに終わっていない。途中で地元のやくざが絡んできて、話がややこしくなってしまったのである。いまだに交渉を続けているはずだが、これはもう完全に回収不可能だろう。クライアントとの契約で、期限以内に終了していなければ違約金を支払わなければならないし、たとえ地上げが終わったとしてもバブル崩壊で地価は半分になってしまっている。

さらに、広島や浦和でも大規模な地上げがおこなわれていたというし、他にも全国各地で総連の名を隠して強引な土地買収が進められていたはずである。山梨や滋賀では大規模なゴルフ場開発もはじまっていた。これらの投資につぎ込まれた資金がどこから出ていたかといえば、そのほとんどは朝鮮総連が全国に保有していた民族学校などの民族共有資産を担保に入れて融資を引き出したものであった。

後に、財政局長の康永官が作成した資料によると、総連関係資産で担保に入っているものは、二〇〇〇億円から三〇〇〇億円という。私はおそらくその倍以上が担保に入っていると思う。そして、そのうち、かなりの部分がこれらの地上げの資金につぎ込まれたはずだ。つまり、表舞台にこそ顔を出さなかったものの、その当時の朝鮮総連とは日本有数の地上げ屋集団であったということなのだ。

## 送金疑惑

八〇年代の終わりころになると、北朝鮮の核開発疑惑というようなことが日本のメディアでさかんに言われはじめた。焦点となったのは、北朝鮮の寧辺近郊に位置する複数の核関連施設である。

続いて、これらの核開発をはじめとする軍事開発に、日本から送られている資金が利用されているのではないかという、いわゆる「送金疑惑」問題が持ち上がってきた。この送金疑惑報道に対して朝鮮総連は激しく抗議したが、日本から北朝鮮に毎年巨額のカネが流れていたことは、間違いのない事実である。ただし、その額について「年間一〇〇〇億円以上」などという途方もない数字が出回っているが、いくらなんでもこれは夢想、空想の類である。

日本から非合法的に送られる資金は、そのほとんどが新潟港と北朝鮮の元山港を結ぶ準定期航路を通じて、現金のかたちで運ばれる。しかし、そのカネが本当に軍事開発に使用されているか否かについては、私には知識がない。

日本から北朝鮮へ現金を持ち出すことは、朝鮮総連の結成直後からおこなわれていたはずである。

*

朝鮮総連は毎年、金日成・正日父子の誕生日、九月九日の建国記念日、一〇月一〇日の党創建記念日など、北朝鮮で祝い事があるたび、祖国に対する忠誠のしるしとして相応の付け届けをしていた。これが組織的な事業の体をなしてきたのは七九年に短期祖国訪問団がはじまってからである。

それまで北朝鮮への訪問といえば、朝鮮総連の一部幹部たちが金日成を表敬に訪れることくらいで、一般の在日同胞が祖国訪問するというのは、片道だけの永久帰国を意味していた。それが、この年から一般同胞の祖国往来が許されるようになったのである。

五九年からはじまった帰国運動で、およそ一〇万人の在日朝鮮人が北朝鮮への帰国・定住を決めた。一家で帰国したものもあったが、一つの家族が海を隔てて別れ別れに暮らすケースも数え切れないほど多くあった。

「いずれ、自由に往来できるようになる」

北に渡った者も、日本に残った者も、そう教えられていたからだ。

ところがいつまで経っても自由往来が実現しないばかりか、どこの家でもそのうち祖国に帰した娘・息子からの音信がぷっつり途絶えるようになる。聞こえてくるのは、北へ帰ったどこそこの家の息子が銃殺されたらしい、などという悲惨な話ばかりだった。

北朝鮮が在日朝鮮人の親族訪問を認めなかったのは、ごくごく簡単な理由に過ぎない。当局は、日本から来た親族に、帰国者の窮乏ぶりを見せたくなかったのだ。

それがこの年から突然手のひらを返したように一般同胞の親族訪問が許されるようになる。もちろん、それにはそれなりの事情があった。北朝鮮側が条件を出してきたのである。息子に、娘に、あるいはきょうだいや父や母に会わせてやるから、その見返りにカネを払え、ということだ。

それでも申込者が殺到した。それもそのはずである。「祖国で一旗揚げてくる」と希望に燃えて帰国したまま二〇年近く、ろくに音信もなかった息子に、娘に、生きてもう一度逢えるかもしれないというのだ。短期訪問団は最低一〇〇人以上、大抵は一五〇人ほどが定員だったが、毎回その何倍もの申込みがあった。それまで帰国者を乗せていた万景峰号（初代）とは別に、短期訪問団の同胞たちを運ぶため三池淵号という大型客船がこの年から運航されることになった。

私は、その第一回目短期訪問団の「総務」として、参加者の書類申請や出入国手続きなどの実務を仕切った。

多いのは、息子・娘にいま一度逢いたいという、老夫婦である。たとえば、足元もおぼつかないような老夫婦が、娘夫婦と孫に手をひかれてやってくる。帰国運動華やかなりしその当時、貧困のなかで子供たちに希望を託し、まだ小学生の末娘のみを残して兄弟全員を帰国させたのだった。子供たちが祖国で生活の足場を築いたのなら、やがて自分たちも呼び寄せてもらうつもりであった。

一家五人での短期訪問。祖国での滞在期間は二週間である。訪問団の一員に選ばれるためには相応の寄付をしなければならない。最低二〇〇万〜三〇〇万。しかし、それでは子供たちと、ホテルの喫茶室でたったの一時間、見張り付きの雑談だけしかできないかもしれない。子供たちの家庭を訪問し、二週間、あちこちの家を泊まり歩くためには、もうちょっと奮発しないといけない。そのための相場は一〇〇〇万円以上だった。短期訪問団に参加する全員の家がパチンコをやっているわけではない。普通の勤め人の家計にとっては深刻な出費である。しかし、二〇年間離ればなれになった娘・息子と逢えるとなれば、話は別だ。老夫婦は二〇年間、コツコツと貯め込んだ貯金をはたいて訪問団に参加した。そんなわけで、一回の訪問団で二億から三億のカネが集まった。そのような訪問団が年間一五〜二〇回あるのだから、北朝鮮側の収入は三〇億〜六〇億にもなる。ビッグビジネスであった。

一五〇名ほどの短期訪問団の人々と一緒に、カネは船に乗って、現金で北朝鮮に運ばれた。

＊

八〇年代に入ると、金日成・正日父子に対する献金も飛躍的に殖えていった。

父子の誕生日、建国記念日、党創建記念日……。これらの祝日にはかならず総連代表団が平壌に表敬することになっているが、このとき、同時に日本からの祝賀の名目で巨額の上納金が届けられる。

献金はすべて現金でおこなわれる。

代表団は飛行機で移動するが、彼らが携えて現金を運ぶわけではない。一回につき、一〇億、二〇億という巨額の現金を運ぶこともあるから、とても手持ちでは不可能だ。新潟港に入港してくる北朝鮮の船に乗せて運ぶのである。八〇年代は主に三池淵号が現金輸送に用いられ、九二年からこれが万景峰92号に代わった。

献金工作のみならず、北朝鮮から朝鮮総連に対する指令は、ほとんどすべてと言ってよいほど、この船を通じておこなわれる。

すでに述べたとおり、指令を伝えるのはこの船の最高責任者で「指導船長」と呼ばれる姜周一である。この男が、北朝鮮の「親愛なる指導者同志」である金正日の献金指令を日本に伝える。伝達は新潟港の中央埠頭に停泊する万景峰92号（過去には三池淵号）の指導船長室でおこなわれる。ここに、朝鮮総連の最高幹部として、専属のボディガードに守られながら許宗萬が駆けつけるのだ。「次の首領様の誕生日までに何億集めよ」といった類の指令が、姜周一から許宗萬に、直接口頭で伝えられる。

指令を受け取った許宗萬はこれを東京の総連中央本部に持ち帰る。ここで、献金の割り当てが決定されるのである。カネがどこにあるかといえば、全国の信用組合、つまり朝銀の裏口座のなかに貯えられている。

中央常任委員会で、全国の朝銀に対する割り当てが決定される。東京はいくら、大阪はいくら、福岡はいくら、といった具合だ。とくに全国六大都市の朝銀が、献金資金の供給源である。それらの朝銀では、いつでも献金要請に応えられるよう、裏口座をつくって、カネをプールしておく。そういうカネは、見返り融資をおこなうなどして集められる。たとえば、ある商工人が事業拡大のため資金を必要としているとする。彼は朝銀に行って融資を申し込むのだが、このとき、「二億円欲しい」と言ったら、朝銀側は「では二億五〇〇〇万出しましょう」と言う。そして、五〇〇〇万円を朝銀に寄付させるのである。あるいは、数百人いる朝銀職員のボーナスから、職員には内緒で一割くらいをピンハネすることもある。

献金指令は、通常、各自治体の都道府県本部を通して朝銀の理事長に伝えられるが、理事長に直接電話が行くこともある。理事長は総連からの要請に従い、指定された額を裏口座から下ろし、これを大型の旅行鞄などに詰め、若い職員を同伴させて東京の中央本部まで運ぶ。

すでに述べたとおり、中央本部四階の財政局第一部の部屋には、大人の男が両手をひろげてすっぽり入れるような、巨大な金庫がある。全国から集められた巨額の資金はその金庫のなかに一時貯えられるのである。

こうして集まった資金を、今度は新潟まで運ぶわけだが、これを運ぶ担当は財政局である。私も何度か新潟まで現金を運んだ。

前にも述べたが、朝鮮総連のなかには、空手の有段者で構成される武闘派集団がいる。彼らは、日ごろは中央本部で副議長以上の身辺警護などにあたっている。彼ら屈強な若者たちに現金を一億円くらいずつ仕分けした鞄を持たせ、新幹線で新潟まで運ぶのである。

新潟駅に着くと、総連新潟県本部の車が待っている。その車に乗って、新潟港に近い国道沿いの朝鮮総連中央本部新潟出張所に行くのである。中央本部新潟出張所は、新潟県本部の二階にある。

ここで、巨額の現金は目立たないよう、二〇〇〇万〜三〇〇〇万くらいずつ紙袋か何かに小分けにされる。それを、親族訪問などで北朝鮮を訪れるため船に乗り込む一般同胞に運ばせるのである。むろん、彼らはなかに何が入っているのか知らない。

一応、外為法では、五〇〇万（九八年より一〇〇万）以上の現金の持ち出しは届け出が必要ということになっているが、税関員など一人か二人いるだけだから、いちいち手荷物検査などできるわけがない。それに、朝鮮総連では、新潟の税関を常日ごろから接待等で手なずけているので、税関のほうも最初から調べる気がないようだ。

そんなふうにして、八〇年代半ばから九〇年代半ばまで、およそ一〇年間にわたり、全部で三〇回くらい、新潟まで現金を届けた。

＊

これら万景峰92号や三池淵号による送金が、総連から北朝鮮へ送られる献金の〝公式〟ルートとすれば、それとは別の非公式ルートもある（外為法の見地から言えば、実際はすべて非合法なのではあるが）。

全国の着岸拠点に接岸する北朝鮮の工作船に運び込む方法である。

これらの資金は朝銀も総連も通さず、全国で一本釣りした商工人たちから直接預かり、海岸まで現金で運ぶ。ビニールで厳重にくるんだ億単位の現金を、黒い潜水服に身を包んで上陸してきた北朝鮮工作員に手渡すのである。

*

いずれの方法にせよ、北朝鮮への献金はすべて現金でおこなわれる。銀行為替を使って送金されるのは、北朝鮮からモノが輸入されてきたとき、その対価として支払われる場合――つまり、正当な理由がある場合――にほぼ限られる（足利銀行を通じた祖国に対する義捐《ぎえん》金的な送金も一部にはあるが、これは額が少ない）。それ以外はほとんど船で運んでいるのである。

ひどく原始的な送金手段に思われるだろうが、わざわざリスクを犯してまで札束を船に運び込むのには、理由がある。それが唯一、後に証拠を残さないやり方であるからだ。日本の銀行にせよ、外国の金融機関を使うにせよ、銀行為替で外国へカネを送ろうとすればかならず証拠が残る。国内ですら、億単位の金が正当な理由なく動けば、当局にかならず感づかれる。出所がわからないカネが外国に流れているともなれば尚更だ。ましてや、運ばれるカネのほとんどは、いっさい税金のかかっていない裏金なのである。

## そして腐敗がはじまった

朝鮮総連の腐敗は、我々財政局からはじまったと言ってよい。

事業をおこなうとなれば、当然のことながらさまざまな人間関係が生じてくる。人間関係を保つためには交際費が必要だが、パチンコのほうで儲かりはじめたので、自由になるカネはいくらでもあった。

接待に利用したのは、たいていコーリアンクラブである。新宿、赤坂、上野といったような場所に、ツケの利く店が数軒あった。いずれも座っただけで三万か四万とられるような、その地域でも選り抜きの高級店である。そういった店に、たとえば、パチンコホールを建てる土地を提供してくれようという田舎の地主のおじさんなどを招待したりする。向こうは一人なのに、こちらは三人も四人も出かけてゆく。あるいは、地上げの商談を成立させるため、大手ゼネコンの部長クラスを何度も接待する。他にも、総連が頼んでいた顧問弁護士なども頻繁に接待を要求してきたりした。酒席はそれこそ毎晩のように、休む間もないほどだ。ひと晩で二〇万から三〇万のカネが軽く飛んだから、月に直せば何百万もの交際費が必要だった。

これらの経費がどこから出てきたかといえば、パチンコ台メーカーや内装関係、空気清浄機メーカーなどの業者が機材を購入してくれる謝礼として振り込んでくるリベートで主にまかなわれていた。そのようなバックマージンが、やはり、毎月数百万ほどあった。そのようなカネを出し入れして、接待を仕切っていたのは、主に副局長の私と、当時第二部長になった韓栄《ハンヨン》であった。

あるいは、金沢あたりの高級旅館にゼネコンの幹部を招待し、二泊三日ほど芸者をあげてどんちゃん騒ぎをしたりする。昼はゴルフ、夜は温泉に宴会、帰り際には豪華な土産までつく、接待のフルコースである。接待するほうとされるほう、総勢一〇人ほどだから、一回の接待旅行で軽く一〇〇万は超えた。

どんな高級クラブだって通っているうちありがたみは薄れてしまう。

そのうち、接待だけでなく、仲間内の会合にもそのような高級店が使われるようになった。宴会好きの許宗萬が率先して部下を引き連れてゆくのである。

財政局の高級クラブ通いはほどなく中央本部はおろか、地方本部や同胞たちのあいだにまであまねく知られることになる。

「活動家の見本たるべき中央本部の幹部たちが夜な夜な高級クラブで大騒ぎしている」

時々クラブで我々を見かける商工人たちはそう言って眉を顰《ひそ》めていたが、我々は歯牙にもかけなかった。そのような批難に対しては、

「ちっともカネを持って来ないくせにごちゃごちゃ言うな」

などと嘯《うそぶ》いていた。

接待も重要な商談の一部である。しかも、我々が商売をするのはただ金儲けのためではない。祖国の社会主義建設に経済面から寄与するという立派な大義名分があった。そのはずであった……。

しかし、現実に我々のやっていたことは、株や土地転がしでひと山当てたバブル紳士の行状そのものであった。やがて下の者も我々のやっていることを真似しだす。

たとえば地方にパチンコ屋の指導に行く。

東京から財政局の幹部が来たとなれば、ホールのほうもただで帰すというわけにはいかない。

それに、もとはといえば、彼らはみんな私の教え子なのである。夜ともなれば、店長以下の従業員と連れだって、その地方の郷土料理で腹ごしらえのあと、彼らの行きつけの店で軽く一杯、ということになる。行きつけといったって、いずこもようやくパチンコホールがはじめてできた程度の、寂れた田舎町のことである。せいぜいあるのは、女の子が一人いて飲み物をつくってくれるカラオケスナックくらいのものだ。ところが驚いたことに、彼らパチンコホールの店長たちは、そんな小さなスナックにヘネシーのボトルをキープしていて、ブランデーグラスで乾杯しているのだ。他の客は全員オールドの水割りをちびちび飲んでいるにも拘わらず、である。

パチンコ屋は税務署からも警察からも眼をつけられやすい。朝鮮総連直営店ともなれば尚更である。彼ら店長たちには、派手な生活は慎むよう、口を酸っぱくして教えておいたはずであった。

「馬鹿。こんな田舎のスナックでヘネシーなんか開けるヤツがあるか。目立ってしまうじゃないか。他の客とおなじように、オールドの水割りを頼め」

と、私は説教する。

しかし、彼らにも言い分があったのだ。

「だって、この前責任副議長が視察にやって来て、こう言うんです。『おまえら、そんなしみったれた国産ウィスキーなんか飲むんじゃない。総連中央直営店の従業員らしく、堂々とヘネシーを頼め』って」

何かのついでに視察に寄った許宗萬がそう教えたらしい。

これには私も返す言葉を失った。

どうやら、中央から幹部が来たときだけでなく、彼らはこうして何かしら理由をつくっては店に集まり、毎晩のようにヘネシーを開けているらしい。それも、飲み代《しろ》は、すべて店の必要経費として落としているらしい。何のことはない。領収書の金額が一桁違うだけで、彼らがやっているのは、我々中央財政局がやっていることの縮図なのだ。いつのまにか、下は上を真似るものなのだ。

こうして朝鮮総連の腐敗がはじまった。

## さらなる確執

九三年の春先の出来事である。

船橋市の自宅で軽く晩酌をやりながら夕食を終えたところで、玄関の呼びりんが鳴った。

「あなた出てください」

と、洗い物をしていた妻に言われ、玄関まで歩いていって扉を開けた。

「韓光熙さんですか?」

と、立っていた小柄な男に訊かれ、「そうだ」と答えると、男は朝日新聞の記者だと言う。正確には、朝日新聞社が発行するアエラという週刊誌の記者らしかった。名刺にそう書いてあった。

「何の御用ですか?」

と訊くと、記者は一冊の謄本を取り出して、

「一七億三〇〇〇万円借りていらっしゃいますね？」

と、訳のわからぬことを言う。

記者の持っていた謄本を見ると、どうやら文京区の朝鮮出版会館の登記簿謄本であるらしかった。

「九〇年の四月におカネ借りていらっしゃいますよね。いったい何に使ったのか、教えていただけませんか？」

記者はなおもしつこく訊いてくる。

「何に使おうとあなたにはまったく関係のないことでしょう。夜半に突然失礼じゃないですか」

極力動揺を抑えてそう言い、乱暴に扉を閉めた。その際に記者の手から謄本を取り上げるのも、忘れなかった。

じっくりとそれを見て、青ざめずにはいられなかった。

それは、間違いなく、出版会館の土地・建物に関する登記簿だった。たしかに、平成二年（九〇年）四月二七日、私が出版会館を担保に、朝銀東京から一七億三〇〇〇万円借りたことになっている……。

寝耳に水だった。まったく身に覚えのないことである。一七億円も借りたとすれば利息だけでもとんでもない額になってしまう。

三年前の四月といえば……。

私は祖国訪問していたはずであった。

その間、日本で何があったのか……。

妻にそのことを問いただすと、そういえばそのころ、財政局長の康永官から電話があって、書類を作成するのに必要だから実印を貸して欲しいと言われた記憶があるという。

「それだ！」

と、私は叫んで、翌朝、中央本部に出勤するなり、直属の上司である康永官を問い詰めた。その前年、私は財政局の副局長となり、康永官が局長になっていた。

「誰の指示で何のためにおれの名前でカネを借りたのか」と詰め寄ったのだが、康は言を左右してけっして本当のことを言おうとしない。

これでは埒《らち》があかないと、私はエレベーターで一〇階に昇った。

韓徳銖議長に直訴したのである。

＊

私の名前を使った融資は、議長にもまったく無断でおこなわれたことらしかった。謄本を見て、議長がいちばん驚いていた。

私のことだけではない。すでにこのときには、インターナショナル企画や国土実業など、総連系企業数社の名前を使って、八〇億円以上のカネが出版会館を担保に引き出されていたが、議長はそのことについてまったく知らされていなかったらしかった。

すでに述べたとおり、朝鮮出版会館というのは、文京区の白山通り沿いにある一三階建ての巨大ビルである。当初、北朝鮮代表団が来日した際の宿泊施設として使用する目的で建設された。総連中央が所有する不動産のうちでも、有数の巨大物件である。それがいつのまにか抵当に入り、担保価値の数倍ものカネが引き出されている……。

議長の許可もなく、こんな重大なことがおこなわれていたこと自体、信じがたい事実であった。韓徳銖はただちに、財政局の幹部連中――財政担当副議長の許宗萬と、財政局長の康永官、財政委員長の崔秉祚、それから経済局長の康潤環《カンユンギョン》を議長室に呼びつけた。

「いったいこれはどういうことだ！」

韓徳銖が居並んだ幹部たちを怒鳴りつけた。

「急に資金が必要になりまして……」

などと、許宗萬はしどろもどろに答えていたが、議長はまったく聞く耳を持たなかった。

「なぜ、このおれに何の相談もなく、出版会館を担保に入れた！」

韓徳銖がもっとも立腹していたのはおそらくそのことであった。

ことは私にとっても死活問題である。

「いますぐ、おれの名前を登記簿上から抹消しろ。さもないと、アエラの記者に洗いざらい全部喋るからな！」

私が言い出したらきかないことを知っているから、今度は議長が慌てて私をなだめる番だった。韓徳銖がその場をとりなし、なんとか穏便に解決することで話がついた。

アエラの記者は翌日も翌々日も訪ねてきた。

私が出勤する時間を見計らい、家の近所の公園脇に停めた車のなかで、パンと牛乳を持って待ちかまえているのである。もちろん、議長との約束があったので何も喋りはしなかったが、あのしつこさにはつくづく閉口した。

＊

その後の調べで出版会館ばかりでなく、朝鮮新報社、朝・日輸出入商社、総連中央学院、朝鮮大学校など、在日同胞の共有資産である主だった物件が軒並み抵当に入っていたという事実が続々と発覚する。どんなにすくなく見積もっても、数百億の単位である。許宗萬とその取り巻き連中は、そうして捻出したカネの大半を、儲かる見込みもない地上げやゴルフ場開発につぎ込んでいたようであった。

もちろん、すべては許宗萬の指示でおこなわれたことに違いなかったが、韓徳銖に何の相談もなく許宗萬一人でそこまで大それた決断をくだせるのか、という疑問も残る。もしかしたら、決定は、金正日と許宗萬の共謀によってくだされたのかもしれない。すくなくとも、金正日のお墨付きを得ていたからこそ、許宗萬はこうまで大胆に走れたのではないか……。

もちろん、本人は何も言わないから、許宗萬の腹のうちが如何様であったかは、想像に委《ゆだ》ねるしかない。それにしても、歯がゆく、腹立たしいのは、そんな無謀としか言いようのない許宗萬の暴走を止められないどころか、唯々諾々と言いなりになっている財政委員会の幹部連中であった。

地上げ、パチンコ店の運営など、財政委員会の活動は、総連のなかでもトップシークレットだったから、会議はすべて中央本部地下二階の特別会議室でおこなわれた。この部屋は、周囲を厚さ二〇〜三〇センチの鉛板で囲まれ、絶対に盗聴不可能なようになっている。

出版会館の事件が発覚してしばらく経ってからのことだったと記憶している。

会議の席上、許宗萬が東京に総連中央直営のパチンコ店をつくろうという話を持ち出した。インターナショナル企画が経営する大型店を都内に持ちたい、と。中野新橋の駅近くに、ちょうどT建設が売りに出している格好の土地があるという。

これには私は猛反対した。

中野新橋の駅前には、福島県出身の同胞が経営するパチンコ店がある。

「あそこは駄目だ。近くに同胞のPの店があるじゃないか」

しかし、許宗萬はT建設とのあいだですでに話を詰めていたらしく、その土地がいかに格安で手に入るかを力説した。駅前の一等地に三階建てのパチンコ店を建てるのに総額四五億であがる、初期投資に必要なカネはオリックスリースのほうから借りられるあてがある、などといかにも具体的なことを言う。じつは、裏では相当話が進んでいるようだった。

「それに、いま浜松町にあるインターナショナル企画の本社機能を新しく中野新橋に移せば、毎月一〇〇万近く払っている家賃が浮く計算になる。経費の面からも大助かりだ」

ふんぞり返って許宗萬はそう言った。

しかし、誰もこれに反対しようとしないのである。

そこには、財政委員長の崔秉祚、財政局長の康永官、インターナショナル企画社長の鄭春植などの財政幹部以下、一五、六人の関係者がいたが、誰一人として許宗萬に意見しようとする人間はいなかった。どころか、

「それは名案だ」

などと、口を揃えて許宗萬のアイデアを褒めそやしていた。

しかし、同胞の商売を邪魔するなど以ての外である。

「どうして中野新橋でなければならないんだ。どうしても都内で店を持ちたいというなら、同胞の店のない場所を他に探せばいいじゃないか」

と、なおも私は一人で反論したが、あっさりと無視された。

「これはもう決定事項だ。すぐにでも着工したい」

これ以上はどうしても我慢ならなかった。私のなかの無鉄砲の虫がまたもや喚《わめ》いたのである。

「総連の本分をまったく逸脱してるじゃないか！　おまえ、T建設からいったいいくらもらったんだ！」

## もう誰にも止められない

「韓光熙が面と向かって責任副議長を痛罵したらしい」

その噂（実際は噂ではなかったが）は、またたくまに、組織の内部にひろがったようだ。同僚

たちの、私を見る眼がその日から違っていた。
しかし、ますます大きくなる許宗萬の権力のまえに、私の抵抗など蛙の面《つら》に小便であった。本国の信任をさらに厚くしたらしい許宗萬は、そのころには「責任副議長」という新しい役職についていた。第一副議長の李珍珪はすでに引退していたから、名実ともに総連のナンバー2であった。

結局、中野新橋の「パーラーエクセレ」は翌九四年六月に完成した。同時に株式会社エクセレ東京という会社をつくり、ここで全国の直営パチンコ店の運営を管理させることにした。設立にあたっては、群馬の富岡市というところにあった東馬商事を名称変更させ、ここにインターナショナル企画の機能を移す、という複雑な方式がとられた。外部の眼を眩《くら》ますためである。

さらに、朝鮮総連はゴルフ場開発にも乗り出していた。

滋賀県の石部町というところに、国際大会もできるような一流ゴルフコースをつくりたいから、資金面でバックアップして欲しいという話が同胞企業から持ちかけられ、許宗萬が二つ返事でOKしてしまった。ゆくゆくはゴルフ場を朝鮮総連のものにして会員権を売りさばき、政財界の大物を接待するのに使おうなどと、甘い夢を見たらしかった。しかし、開発に要する総費用が一〇〇億円近くにもなるという。許宗萬は、それくらいの資金なら全国の朝銀から出させれば良いくらいに考えていたようだが、いかにバブルのまっただ中とはいえ、何の担保もないゴルフ場計画に一〇〇億の融資は無謀すぎた。結局ほとんどのカネは朝銀京都から出たが、この融資は結局、一円たりとも回収できなかった。そして、このときに朝銀京都がつくった不良債権が、後の朝銀近畿の二次破綻の引き金になったのである。

　この当時、朝銀近畿の二次破綻に絡んで逮捕された朝銀京都の成漢慶《ソンハンギョン》、朝銀兵庫の徐敬植《ソギョンシク》など、まともな経営感覚のある理事長たちは、無謀と言うほかないゴルフ場計画に、陰でみな反対していた。しかし、許宗萬が強引にそれを押し切ってしまったのである。財政担当副議長は朝銀の人事権を完全に握っているから、たとえ理事長といえども、許宗萬に逆らうことはできない。おなじようなゴルフ場開発計画は山梨でもはじまり、これも許宗萬の号令のもと、主に朝銀から捻出された莫大な資金がつぎ込まれはじめた。もう、すでにこのころには、許宗萬の暴走を止められる人間は誰もいなくなっていた。

＊

　このころには、私も組織の活動に対する意欲を完全に失っていた。社会主義への夢も、祖国統一にかける情熱も、すべて泡と消えていた。

　私を襲ったのは、底なしの虚無感であった。

　どうせなるようにしかならないのだから、なるようになればいい……。

　毎日、そう呟《つぶや》きながら、暮らしていたような気がする。

　さらに、私を責め立てたのは、激しい自責の念である。

　現在の総連の活動で、ただの一つでも同胞の役に立っていることがあるだろうか。

　いや、むしろ、やっているのは、同胞に害を及ぼすようなことばかりではないか。

極力考えないように努めたが、何かの折りにその思いが、ふと湧き上がってくる。
それは、私の人生のすべてを否定することだった。

# あとがきにかえて

野村旗守●取材構成

1994年７月14日、８日に急死した金日成主席の遺体を前に号泣する人民軍兵士たち（平壌の錦繡山議事堂で）

ここまで語った後、韓光熙さんは三度目の脳梗塞に倒れ、現在、入院中である。二度目のときには、「今度倒れたら、生命の保証はできませんよ」と医師から宣告されていたという。しかし、幸い、大事にいたることはなかった。

最初に倒れたのは「たしか、一九九二年か九三年」と言っていたから、ちょうど、前章のいちばん最後のあたり、責任副議長との激しい確執のあと、組織の行く末に絶望し、失意のどん底に沈んでいた時期に相当する。

「いちばん心労《ストレス》が溜まっていた時期でしたものね？」

と訊くと、

「いや、あれは食事のせいで」

などと本人は惚《とぼ》けていたが、そんなはずはない。

ここまで読んでもらえたのなら、原因は誰にでも想像しうることである。

「心労《ストレス》でしょう？」

そう何度も訊いたのだが、笑ってはぐらかされてしまう。そうこうしているうち、突然、連絡が途絶えた。

本来なら見舞いに行くべきだし、行きたいのだが、ある人から「迷惑をかけるだけだから行くな」と止められている。

そうかもしれない。見舞い客でもあれば朝鮮総連の関係者である可能性が高いし、私が見舞いに行ったことが総連に知られると後で何らかのトラブルを引き起こさないともかぎらない。韓さんは総連から「民族反逆者」呼ばわりされているし、私も機関紙で「悪名高いジャーナリスト」とか「悪質言論人」などと書かれている身分だ。

「二人してまた何か悪巧みしてやがる」などと言われてもつまらない。しばらく面会は控えよう。いま、私にできるのは、韓さんの本を完成させることだけだ。

＊

韓光熙さんとはじめて会ったのは、九九年の晩秋だった。韓さんが朝鮮総連から完全に離れた年である。以来、何度も面談を重ねてきたから、それ以降のことは比較的よく知っている。

その前年、ちょうど北朝鮮のテポドンミサイルが飛んできて日本中が大騒ぎになった直後に、私は朝鮮総連の幹部グループと知り合い、彼らの証言をもとに一冊の本を書きはじめた。およそ半年後に出来上がったのが、『北朝鮮　送金疑惑』（東洋経済新報社　現在、文春文庫）という本である。

内容は、朝鮮総連反体制派幹部らによる、一種のクーデター計画だった。

「このままでは総連は駄目だ」「北朝鮮に搾り取られるだけ搾り取られて、揚げ句の果てにはポイ捨てされる」「在日朝鮮人の民族団体だったはずの総連が、いつのまにか北朝鮮の集金マシーンに成り下がってしまった」「本来あるべき姿に総連をいま一度つくり直したい」……

彼らは、そのようなことを言った。

それは組織の腐敗に激しく憤り、絶望の淵を漂っていた韓さんの心境とぴったり一致するものであったらしい。いや、韓さんばかりでなく、多くの在日朝鮮人の心情を代弁するものであったのかもしれないとも思う。私は在日ではないから、あまり偉そうなことは言えないけれど。

そして、

「総連の財政基盤を支えるのは朝銀（信用組合）だから、これを切り離してしまえば総連は崩壊する」「現在どこの朝銀も破綻寸前だからいまがチャンスだ」「そのためには朝銀から北朝鮮への送金疑惑の実態を暴くことだ」……

幹部たちは具体的な方法論まで用意していた。

しかし、その「実態」に関しては、少々詰めが甘かったと認めざるを得ない。

そんな私の本を読んで、韓さんはもどかしさを覚えたらしい。「自分のほうがよく知っている」と、人を通じて連絡をとってくれたのだった。

＊

仲介してくれたのは、旧知のＨさん（在日朝鮮人）だった。

その当時、朝鮮総連から完全に離れ（事実上、体よく追い出されたようなものであったらしい）、家族とも別居を余儀なくされていた韓さんと交際のあった数少ない在日の一人である。

「総連中央財政局の（元）副局長がおまえさんに会いたがっているから、連絡してみろ」

と、電話をもらった。

そのころ、私は「サンデープロジェクト」という番組で、再度「送金疑惑」の取材にとりかかりはじめたばかりだった。

けれども、やりはじめてすぐ、こういう場合、テレビというのは紙の取材より数段難しいことを痛感させられずにはいられなかった。テレビというと取材相手が怖じ気づいてしまうのである。「総連をつくり直すんだ」と言っていた幹部たちも、いざ、テレビカメラの前で喋ってくれと頼むと、さまざまに理由をつけて途端に後へ退《ひ》いてしまう。画面にモザイクをかけるからと言っても、音声を変換するからと説明しても、どうしても了解してもらえない。かといって、べつに彼らを責めているのではない。それほどの勇気と決意を要する行動だ、と言っているのだ。

ちょうど、新しい証言者を探しあぐねて往生していた最中に、はじめて韓さんと会った。場所は、日暮里の駅前にあるニュートーキョーという喫茶店。

眼の前にいた韓さんは、比較的大柄で、肌の色の白い、小さな眼をした人だった。物静かな雰囲気で、喋り方に特徴がある。細い声で、ゆっくりと、たどたどしく話す。失礼ながら、最初に電話で話したときには酔っぱらっているのではないかと思われたほどだ。しかし、それは病気のせいなのだと、後でわかってくる。

ものの五分もしないうち、いま自分と話しているのはとてつもなく重要な証言者であることがわかってきた。彼が喋っているのは、すべて「実際に自分が経験した話」なのである。伝聞など一つもないようだった。

誰が耳をそばだてているかもしれない、そんな喫茶店のざわめきのなかで聞かされていることに思わず非現実感を覚えてしまったほどのトップシークレットを、韓さんは気負うこともなく、淡々と語ってくれた。

「自分は八〇年代後半から九〇年代後半のおよそ一〇年間、新潟港に停泊する北朝鮮の万景峰号に三〇回以上、現金を運んだ。私の知る限り、そのようにして運ばれた現金は二〇〇億円から三〇〇億円にのぼる」

と……。

ひと通りの話を聞き終わった後、すこし改まって、

「もう覚悟は決めていらっしゃると思いますので」

と、私は言った。

「いまの話、テレビカメラの前でしていただけますか?」

黙って、韓さんはうなずいた。

＊

インタビューは都内ホテルの一室でおこなわれた。

すでに聞かされた話だから、無論、私に驚きはないが、立ち会ったディレクターやカメラマンはさすがに衝撃を覚えたようだった。

終了後、カメラマンが私に駆け寄ってきて、「あんなこと喋っちゃって、本当にいいんですか?」と耳打ちしたほどである。

「北朝鮮　送金疑惑〜血税一兆円!?　朝銀破綻の真相」として番組が放送されたのは翌年(二〇

〇〇年）の春。

韓さんは顔を隠し、声を完全に変えて録画出演したが、こんなトップシークレットを語ることのできる人間がそう何人もいるはずはない。ただちに正体が知られることは、本人も承知のうえであったはずである。

内容が内容だったから、反響は大きかったようだ。

そして当然のことながら、そのぶん、朝鮮総連からの反発も激しかった。

無理はないのだ。まさにその時期、朝鮮総連は投入される公的資金額「一兆円」とも言われた朝銀信用組合の再編計画に、組織の命運を賭けていたはずだからである。

九七年に最大手の朝銀大阪が破綻し、この救済のために翌年、三一〇二億円の公的資金が投入された。そして今度は、九九年に破綻を発表した全国一三の朝銀の処理に総額数千億円から一兆円規模の公的資金が投入されるであろうという。財政難に陥り、組織運営もままならなくなっていた朝鮮総連は、この公的資金によって再建を図っていたはずなのである。

そんな折りも折り、朝銀と総連の疑惑を暴く決定的証言が放送されたのだから堪《たま》らない。

放送直後、機関紙に掲載された記事が、朝鮮総連の怒りと焦りをよく伝えているので、全文を掲載する。


【南朝鮮の情報員の手先として引き込まれた韓光熙】

内外反動が反共和国、反総連策動を狂ったように強化しているなか、去る一六日、テレビ朝日の「サンデープロジェクト」という放送番組に、過去に総連中央にいたという者が顔を覆って出演し、最初から最後まで、完全に虚偽と欺瞞に満ちた許すことのできない暴言を並べ立てた。

放送局のある関係者によると、出演者は韓光熙という。韓光熙自身がその口から、テレビ朝日関係者と接触しており、「サンデープロジェクト」に出るということを何人かの者に話した。

韓光熙は、すでに良心と気概をすっかり捨て、南朝鮮情報員の手中に取り込まれ、その汚い手先に転がり落ちた変節者の一人として、その者の言葉に耳を傾けたり、同情する価値もない。

ある同胞から、本社に送られてきた写真を見れば、韓光熙が会っている者は南朝鮮駐日大使館参事官で、情報員である慎松揆と大使館の同僚である。複数の同胞が、韓光熙が彼らと頻繁に会って密談しているのを目撃し、本社に通報が来ていた。

韓光熙は、南朝鮮情報員が幕後で「演出」し、反共和国・反総連の謀略をめぐらせる日本の極少数の悪質「言論人」たちの唆《そその》かしに乗り、虚偽と捏造で共和国を無理に冒瀆した。そして、総連組織同胞に対する悪意に満ちた誹謗をおこない、ただ一つの根拠もない真っ赤な嘘で、総連中央幹部に中傷攻撃を繰り広げた。

韓光熙が、縁故者にさせて展開している共和国と総連を誹謗中傷する怪文書遊びも、その背後に南朝鮮情報員がおり、すべてその者たちの脚本によって造作されたものである。

いま、総連活動家と同胞は、南朝鮮の情報員の手先として変節堕落し、祖国と総連組織を離間させて、総連と同胞のあいだにくさびを打ち込もうと跳ね上がる韓光熙の許し難い犯罪行為に憤激を禁じ得ず、これを徹底的に糾弾している。

我々は、南朝鮮傀儡《かいらい》の手先として引き込まれた韓光熙の汚い正体をはっきりと知り、内外反動の策動と烏合の衆の戯《ざ》れ言《ごと》等に警戒を高めなければならない。

（「朝鮮新報」二〇〇〇年四月二四日付　運動・生活欄）


同胞の動揺を必死に鎮めようと、韓さんの造反を「南朝鮮（韓国）大使館が背後で演出した謀略」と言い逃れようとしている様子が窺える。

掲載された写真には韓さんが二名の韓国大使館員と店から出てくる様子が写っている。

「あの写真はいつ撮られたものですか？」

記事が出た後、訊いたことがある。

「あれは知り合いのクラブで働いていた韓国人の女の子がオーバーステイで強制送還されそうになったんで、韓国の大使館員に相談に行ったんだ」

韓さんはそんなことを言っていた。

＊

番組放送直後から、韓さんに尾行がつくようになった。

駅のホームで線路に突き落とされそうになったこともある。

「ゴールデンウィークの最初の一日だった」と韓さんは言っていた。

友人と上野で食事をしてビールを軽く一杯ひっかけて、JR山手線の御徒町駅から上野方向の電車に乗ろうと混雑したホームに立っていたという（「時刻は午後四時から四時三〇分のあいだだったと思う」）。

電車がホームに飛び込んでくると同時に、後ろから三人組の男たちに背中を押された。強く踏ん張ったので、なんとか倒れずにすんだ。後ろを振り返ると、三人の男たちが散り散りに逃げてゆく。「この野郎！」と思って後を追いかけたが、追いつけなかった……。

そんな話を聞いている。

追いつけるはずはないのだ。病気のせいで、言葉だけでなく、韓さんは歩行もかなり不自由だ。しかし、たとえ三人組が朝鮮総連の手の者であったとしても、本気でやるつもりはなかったはずだ。まだ朝銀への公的資金投入問題が控えている。ここでもし、韓さんの身に何かあれば、たちまち大騒ぎになってしまう。組織の存亡のかかったこの時期にそんな無謀な真似をするはずはない。「今度喋ったら、殺すぞ」――その意味での警告であった可能性が高いと思う。

韓光熙さんの身体を張った爆弾証言によって、一三朝銀救済のための公的資金投入はひとまず見送られた。その後、さまざまな紆余曲折はあったが（この間の経緯に関しては『北朝鮮　送金疑惑』を参照）、破綻した朝銀信組に金融整理管財人が派遣され、検査のやり直しがはじまった（二〇〇〇年一二月）。

＊

その後も面談を重ねているうち、韓さんが知っているのはどうやらカネのことだけではないらしいこともわかってきた。朝鮮総連がおこなってきたさまざまな裏活動、そして本国の事情についても、驚くほど精通していたのである。

その時々の北朝鮮情勢に関する韓さんの予測——たとえばミサイルのこと、不審船のこと、日朝交渉のことなど——は、ピタリピタリと的中する。

紛れもなくこの人は、日朝関係の真実を語りうる重要な歴史の証人だ。私はそう確信した。

「韓さん、本を書きましょう。韓さんの喋ったことを私が文字に直しますから」

そのようにして、本書は書きはじめられた。

＊

インタビューは上野界隈の喫茶店でおこなわれていたのだが、我々は頻繁に会合場所を変えなければならなかった。

我々の面会は事前に察知され、何者かに見張られているようであった。私にはわからないが、韓さんにはわかる。

「今日、来るとき誰かにつけられなかった?」

たとえば、喫茶店の片隅で、対角を指して韓さんが私に言う。

「あそこで新聞を読んでいるのは、向こうの人間だよ」

と。

そんなことも二度や三度でなかった。そのたびに場所を変えるのだが、いつのまにか知られてしまう。もしかしたら、韓さんのアパートの電話が盗聴されていたのではないかとも思うのだが、よくわからない。

そんなふうにして常に背後を気にしながら、およそ一年の時間をかけて、ようやく本書は完成の手前まできた。

＊

同時にこの間、朝銀信用組合に対する検査がようやく本格化した。

二〇〇一年の一一月に入って、朝銀東京、朝銀近畿などで続々と不正が発覚し、それぞれの信組の理事長らが逮捕された。同月の二八日、「朝鮮総連の金庫番」と呼ばれた康永官財政局長も逮捕された。業務上横領容疑である。康永官が朝銀東京理事長と共謀し、架空の口座を通じて朝銀から総連に、約八億円を不正に流用していた、というのだ。そして、翌二九日、「伏魔殿」とまで呼ばれた朝鮮総連中央本部に警視庁の強制捜査が入った。日本の捜査史上、はじめての出来事である。

「サンデープロジェクト」がふたたび緊急特集を組んだ。「朝銀破綻の真相〜朝鮮総連最高幹部の疑惑」。

「もう一度、韓さんに出演してほしい。ただし、今回は顔と名前を出して——」

番組のほうから私を通じて依頼があった。

*

「康永官の命令で朝銀東京が朝鮮総連に資金を流用した？　あんな気のちっちゃい男が自分一人でそんなことを決められるはずがないでしょう。すべては責任副議長の許宗萬の指示です」

テレビカメラに向かって韓さんはそう訴えていた。

この時点では、責任副議長の逮捕も目前だろうなどということが言われていた。

「許宗萬がアメリカに逃げようとして、大使館にビザを申請しに行った」などという亡命説まで流れた。

「あと一歩」

そう思って、決死の覚悟の行動であったはずだ。

*

以上が、私が直接知り得た範囲の「韓光熙さんのこと」の概略である。

しかしまだ、責任副議長との対立が決定的になった時期から、私が出会うまでの期間が残っている。

この間のことについては、「朝鮮新報」の記事を頼りに、何かのついでに韓さんから断片的に聞いていた話と他人から聞いた話を総合してゆくしかない。

この間、朝鮮総連を揺るがした大事件といえば、まず最初に九四年四月、在日朝鮮人としてはじめて北朝鮮留学を経験した李英和《リヨンファ》（関西大学助教授）の呼びかけで結成された反北朝鮮市民団体「ＲＥＮＫ（救え！　北朝鮮の民衆緊急行動ネットワーク）」の集会を、屈強の若者たちを先頭にした朝鮮総連が集団の暴力で妨害するという襲撃事件があった。しかし、この事件は逆に、警察の介入を許し、総連の大阪府本部と京都府本部に強制捜査を招く結果になってしまった。多数の負傷者を出したこの事件によって、総連に失望したという人も多い。

その三カ月後の七月八日、在日朝鮮人たちにとって、さらにショッキングなニュースが北朝鮮から飛び込んできた。「人民の父」であり「偉大なる首領」である金日成が死去したのだった。

そのことについて韓さんに訊ねたことがある。

総連と北朝鮮の未来に絶望した韓さんではあったが、「祖国」と「偉大なる首領様」に対する思い入れはどうしても絶ちがたいようであった。インタビュー中、頭のなかはとっくに金日成幻想から醒《さ》めているにも拘わらず、感情がまだそれについていけないのだ、と思われる場面がひとたびならずあった。

あれは上野駅地下のファミリーレストランでだったたか。

「金日成が死んだのはどこで聞きました？」

何かの話のついでに、なにげなく、そう韓さんに訊ねたことがある。

「あの時は、中央本部のなかで……」

と、言って言葉が途切れた。

ふと顔を上げると、韓さんの顔がうすく朱にそまり、みるみるうちに両眼に涙が滲んでいった。

しばらくそのままで、何も言わない。

沈黙の後、驚いて言葉を失っていた私に、

「青年学校ではじめて習った朝鮮語のなかにも、『金日成将軍』という言葉が入っていたからね……」

と、ちょっと照れたように言った。

どんな複雑な思いが交錯していたのか知らない。それを推量するのは僭越というものだろう。

その日の正午近く、中央本部の館内放送で、「金日成死去」のニュースを聞いたという。「愕然となって全身の力が抜けた」と言っていた。

「金日成を見たことありますか？」

と、私は訊いた。

「ありますよ」

と、韓さんは言っていた。

「五、六回、見たことがある。一度、いっしょに写真を撮ったこともある。第一三次世界青年学生祭典のとき」

平壌の労働党中央本部敷地内に、「木蓮館」という建物がある。中央党幹部専用の宴会場である。金父子の生誕祭や党の記念日などの式典がある日は、ここに党幹部が集まって打ち上げをやるのだという。

韓さんが会場の簡単な見取り図を描いてくれた。

「広さは、日本の大きなホテルの宴会場とおなじくらい。前のほうにステージがあって、国内最高の芸術団の歌謡や演舞が披露される。

ステージのすぐ下に、一五人くらい座れる大きな円卓がある。ここに坐るのが、この日の主賓というわけだ。中央に、金日成と金正日、それから軍幹部の呉振宇《オジンウ》、趙明録《チョウミョンロク》ら……それから政府幹部の金永南《キムヨンナム》、韓国に亡命した黄長燁《ファンジャンヨプ》なんかもこの席にいたことがあった。在日でこの席に坐れたのは、韓徳銖と許宗萬くらいだ。その後ろに、党の幹部や在日商工人代表団、青年同盟代表団などが坐る円卓が一〇卓ほどある。私なんかが坐ったのは、もちろん、いちばん後ろのほうだ」

「はじめて金日成を見たのはいつでしたか?」

「八〇年代の半ばだったんじゃないかな」

「どんな印象でした?」

「感動したね。あれこそ真の英雄だと、そう思ったね。まだあのころは私も、ガチガチの金日成主義者だったから……。金日成は、全身から人を惹きつける魅力を放っていた……。ああ、本当に偉大な人間というのは、ああいう人のことを言うんだなあ……そう思った……」

遠くを見る眼で、韓さんはそんなことを言っていた。

＊

この当時の韓さんをよく知る総連関係者を訊ね歩いたのだが、なかなか見つからない。いや、いるにはいるのだが、喋ってはくれない。「民族反逆者」とかかり合いになることを懼《おそ》れているようだった。

およそ一カ月後、ようやく、一人が重い口を開いてくれた。

「おれが知っているのは、九六、七年のころかな。たまたま食堂で一緒になったんだ。メシ食いながらぼろぼろこぼすから、『あんた、どうしたの？』って訊いたのさ。そうしたら『脳梗塞やったせいで、身体が言うこと聞かない』って答えた。なんでも、最初は中央本部の宿直室で倒れたんだそうだ。夜中に一人でテレビを観てたら、くるくると眼がまわって、気がついたときには病院に運び込まれていた、なんて言っていたな……」

この当時は、言動も相当荒れていたらしい。

「あのころは、オッサン、中央本部のなかで徹底的に孤立していてさ、財政局はもちろん、ほかの局の人間も、誰もあの人を相手にしなくなった。そりゃそうさ。口を開けば『許宗萬の野郎、ピストルでぶっ殺してやる』なんて言うんだからさ。みんな怖がって近づかなくなったんだ。だから、おれ、言ってやったんだよ。『あんたの気持ちはわかるよ。腹立ちもわかるよ。でも、いくら憎いからっていったって、殺していいということにはならないよ。やるんなら理論で闘争しなさいよ。そんなことばかり言っているから、あんたの周りから人が離れていくんだよ』ってさ……」

そんな話を聞いた。

もちろん他に知っている話もあるのだろうが、それ以上は言おうとしなかった。

しかし、それでも、これが韓さんについて語ってくれた唯一の証言なのである。他の誰も、韓さんについて話そうとしなかった。

それほど孤立していたということだ。

＊

そして、九七年二月、秘書とともに北京の韓国大使館に駆け込んだ黄長燁（当時朝鮮労働党書記）の亡命は、朝鮮総連の人々にとって金日成の死に匹敵するほどの衝撃を与えたようだった。主体思想の実質的創案者とも呼ばれた北朝鮮を代表する知識人の離反は、組織の体制に深刻な影響を及ぼした。それまでも北（朝鮮）から南（韓国）へ国籍転換する在日の数は年々増え続けていたが、黄書記の亡命のあった年、前年比二〇％増という、飛躍的な増加をもたらしたのであった。

韓さんのことを「あの人は総連の黄長燁だよ」と言った人がいた。

じつは私も、一族すべてを犠牲にして韓国に亡命した黄長燁の勇断が、韓光熙さんを何らかのかたちで触発し行動を促したのではないか、と考えたことがあった。

そのことを訊いてみたことがある。

「黄長燁に会ったことってあります？」

「もちろん、会ってますよ。何度も会った」

「どんな人でした？」

「静かで、人当たりのいい、とても頭の良い人でね……。日本に留学したことがあるから、日本のことをよく知っているんだ。労働党の幹部で『こういう体制のままではかならず国は崩壊する』ってはっきり言っていたのは、あの人だけだったな」

そして、韓さんは黄長燁の亡命を事前に察知していたという。

「あの人ならやるんじゃないかと思っていた。そして、もしかしたら彼が亡命するかもしれない、と密かに教えてくれた人もいた」

しかし、それが誰なのか、私には教えてくれなかった。

「韓さんがマスコミに登場して総連の不正暴きをやったのは、黄書記の亡命と何か関係があるんですか？」

そう訊いてみた。

韓さんは肯定も否定もしない。

「すくなくとも、何かしらの影響は……？」

今度は微かにうなずいたように見えた。

「そこのところの心境の変化をもうすこし詳しく教えていただけませんかね？　もし話すのが口《くち》幅《はば》ったいというのなら、簡単に文章で書いていただいても……」

しかし、韓さんは「もうそれくらいでいいんじゃないですか」と言うだけだ。

ひどく照れ性なのである。

けれども、書記の亡命に関して韓さんがひと言だけコメントしたことがある。

「たかだかおのれのノーベル賞欲しさのために、あの人の命懸けの行動を無にしてしまった韓国の金大中（大統領）だけは許せない」

と。

*

許宗萬との大喧嘩の後も、韓さんは長らく総連中央財政局に副局長のまま留まっている。責任副議長との対立はこの間も続いたようだが、それでも、九七年まで財政局副局長の地位のまま中央にいられたのは、韓さんのバック（というのは、つまり北朝鮮側の）がそれだけ強力なものであったということを物語っている。

しかし、それも九七年までだった。九七年九月、韓さんは総連千葉県本部の副委員長に配転になった。事実上の左遷人事である。

おおかた、あたり構わず「ピストルで……」云々言っていたのを誰かが責任副議長に告げ口したのだろう。いくら強力な後ろ盾があったとて、組織の最高実力者にそんな暴言を吐けば降格させられるに決まっている。

「ああいいですよ。わかりました」

千葉県本部への異動を告げられたとき、韓さんはあっさりそう答えたという。その後さらに、九八年六月、千葉県商工会副会長に格下げさせられ、九九年に朝鮮総連から完全に離れた。

一八歳で朝鮮総連栃木県本部下都賀分会に配属されてからというもの、組織のために働きづめに働き、その貢献度からいえば十指に入るはずの男の末路がこれだった。

*

「韓さんの勇気に触発されて、これから第二、第三の韓光熙が出て来るんじゃないですかね？」

韓さんが最初にテレビ出演した後、在日の知人にそう言ったことがある。

「いや、出ないね。第二の韓光熙は絶対に出てこない。だって、あの組織は宗教団体といっしょなんだよ。あそこで教育を受けた人間は頭の芯まで洗脳されているから、上に逆らおうとすると途端に罪悪感に襲われてしまうの。だから、あんな人はもう二度と出てこないよ」

そのとおりだった。

それに、どんなに勇気があっても、朝鮮総連という組織の実態を韓さんほど知っている人はそうはいないはずである。本書を一読してもらえたなら、この本の語り手が、北朝鮮という謀略国家の支配を受ける民族団体の「裏」と「表」に精通した、まさに稀有の人物であるということを、理解してもらえたと思う。

しかし、ここに書かれたことは、韓さんが知っていることのすべてではない。

韓さんにも家族がある。

別居中の奥さんからは「馬鹿なことをするんじゃない。あんた一人でやったって何も変わらない」と怒られたという。奥さんと娘さんが住む家には、無言電話や嫌がらせの電話が数限りなくかかってきたという。「被害を受けるのはこっちなんだから、お願いだからやめて」。娘さんにそう泣きつかれたこともあったという。日本海側に住む息子さんからも電話があって「ウチの子どもが拉致《らち》でもされたらどうしてくれるんだ」と言われたという。

だからまだ、言いたくても言えないことはある。

それでも、可能な範囲のぎりぎりまでを、韓さんは語ったはずだ。いや、すこしだけ、範囲を超えてしまったかもしれない、と思われるところまで語った。

＊

韓さんと話していると、二言目には出て来る言葉がある。それは「同胞」という言葉だ。

私は「同胞」ではないから、その真に意味するところはわからない。しかし、韓さんをここまで駆り立てたのが、おそらく、「同胞」のために自分がやらねばならないという使命感であり、「同胞」のための朝鮮総連をここまで腐敗させてしまったという贖罪意識であろうことと想像することはできる。

そして、それは自分にしかできないことだという自覚がある。だからこそ、「言ってはいけないこと」を言い、捨て身の告発を続けているのだ。

どうしたら韓さんの命懸けの告発を無にせずにすむか、私はいまそのことを考えている。

# わが朝鮮総連《ちょうせんそうれん》の罪《つみ》と罰《ばつ》

二〇〇二年四月三十日　第一刷
二〇〇二年五月二十日　第二刷

著　者　韓《ハン》光《グアン》熙《ヒ》
取材構成　野村旗守《のむらはたる》
発行者　平尾隆弘
発行所　株式会社文藝春秋
〒一〇二―八〇〇八　東京都千代田区紀尾井町三―二三
電話〇三―三二六五―一二一一
印刷所　凸版印刷
製本所　大口製本

※　定価はカバーに表示してあります。
※　万一落丁乱丁の場合は送料当方負担でお取替えいたします。
小社営業部宛お送りください。


ISBN4-16-358390-4 C0095